★ 北京市人才强教骨干人才项目“基于RIA的远程CSCL协同知识建构促进策略与工具研究”资助

★ 全国教育科学规划课题“CSCL协同知识建构的可视化促进策略与支持系统研究”资助

计算机支持的协作学习：策略与工具

◎ 任剑锋 著

首都师范大学出版社
CAPITAL NORMAL UNIVERSITY PRESS

图书在版编目（CIP）数据

计算机支持的协作学习：策略与工具/任剑锋著.—北京：首都师范大学出版社，2014.1

ISBN 978-7-5656-1772-0

Ⅰ.①计…　Ⅱ.①任…　Ⅲ.①计算机辅助教学—教学理论—研究　Ⅳ.①G434

中国版本图书馆CIP数据核字（2014）第018973号

JISUANJI ZHICHI DE XIEZUO XUEXI：CELÜE YU GONGJU

计算机支持的协作学习：策略与工具

任剑锋　著

责任编辑　孙　琳

首都师范大学出版社出版发行

地　址　北京西三环北路105号

邮　编　100048

电　话　68418523（总编室）　68982468（发行部）

网　址　www.cnupn.com.cn

北京集惠印刷有限责任公司印刷

全国新华书店发行

版　次　2014年4月第1版

印　次　2014年4月第1次印刷

开　本　710mm×1000mm　1/16

印　张　7.5

字　数　138千

定　价　20.00元

前　　言

计算机支持的协作学习（Computer Supported Collaborative Learning，以下简称CSCL）是近年来国际教育技术界一个充满生机的新研究与实践领域，它是指在计算机的支持下，通过协作的方式，利用人际交互的协同效应和计算机信息传播与处理的优势，最大化共同体和个人学习绩效的一种新的学习方式。

CSCL是协作学习与计算机教育应用相结合的产物。随着人们对教育和学习内涵的深入理解，协作学习越来越受到广泛重视。通过小组协作的形式，发挥学习者之间的协同效应，最大化个人和小组的学习绩效，成为学习方法研究的新热点。与此同时，迅速发展的计算机及网络技术在教育中的应用也在不断深入。关于计算机在教育中的应用，人们的视野也开始从对基于计算机的个别化教学的研究，特别是通过对人—机交互的关注来提高计算机教学系统效能的角度，逐渐转到对通过计算机及计算机网络所进行的人—人交互的关注。计算机支持的协作学习（CSCL）正是协作学习研究和计算机及网络教育应用这两种趋势的汇合点。在这样的背景下，CSCL就成为近年来国际教育技术研究的热点与实践领域。

自1995年第一届CSCL会议召开算起，该领域的发展只有十多年的时间，然而其在教育技术和学习科学领域的影响越来越大。CSCL国际会议每隔两年召开一次，该会议成为国际CSCL研究与交流的最佳阵地。另外，在其他有关教育与学习科学的国际会议（如学习科学国际会议ICLS、网络学习的进展国际会议ICWL、技术支持的学习与培训国际会议ICTSLT、全球华人计算机教育应用大会GCCCE等）中，CSCL也成了非常重要的议题，积累了比较丰富的研究成果。柯斯科曼、斯塔尔、艾米·索勒等学者的研究涉及了CSCL的基本概念、理论基础、效果评价，CSCL交互行为、支撑技术及工具开发等多方面的主题。斯塔尔、斯卡达马丽娅、费舍尔、哈拉西姆等人对CSCL中的协同知识建构模型等有专门研究。这些学者的研究对CSCL的发展有很大推动。我国的李克东教授、黄荣怀教授和赵建华博士等，也对CSCL的基本原理、应用模式、系统结构模型等有较系统的研究。陈丽教授和徐晓东教授对校际学生协作或远程教育中协同知识建构进行过实践研究。这些研究为进一步发展CSCL策略与工具提供了基础。

但是，是否给学习者提供一个能够共同交流的空间，就一定会出现有效的学习协同？我们近些年的持续研究结果显示，显然不是这样。现有研究明显对于 CSCL 到底“协在何处”的问题缺乏深入研究。

事实上，把学习者放在一个有共同学习任务的计算机交流环境中，并不能保证有效协作学习的发生。CSCL 在应用中则遇到了教师不知如何引导学生协作，而学生亦不知如何进行协作从而发挥协同效应的困境。相应的 CSCL 工具和平台，在提供学习分组、类似通信工具的信息交流功能外，未能充分关注和解决如何有效推进协作学习的进程发展的问题。上述问题，缘于对支持 CSCL 中学习协作的策略缺乏深入研究。

笔者针对上述问题，近些年在系统、持续地探索 CSCL 的基本原理的基础上，通过理论研究和大量课程应用研究，形成了一个促进非面对面 CSCL 交互行为的策略体系，探索和总结了非面对面 CSCL 交互活动的组织策略、微交互行为的应馈策略和教师对学生 CSCL 交互活动的指导与管理策略，最后提出了把上述策略导入 CSCL 系统的思路并开发了示例工具原型。本书致力于比较全面地反映笔者的上述研究成果。

全书共分 9 章，内容如下。

第 1 章为 CSCL 概述。首先简要介绍 CSCL 的产生与发展，CSCL 学习协作支持策略研究课题的提出背景和意义；然后介绍研究目标、具体研究内容和研究方法；最后对一些相关概念进行简要说明，并说明全书的组织结构。

第 2 章为 CSCL 理论基础。在分析作为 CSCL 重要理论依据的几个认识和学习理论发展的共同背景的基础上，具体介绍建构主义学习理论、活动理论、分布式认知理论和情境认知理论的基本观点及其各自对本研究的指导意义。

第 3 章为 CSCL 交互基本问题的研究。本章是对 CSCL 交互基本问题比较系统的研究和梳理。通过深入讨论和总结，首先提出本人对 CSCL 的概念、性质、特征和功效的研究和理解；然后对 CSCL 交互行为的性质、类型、交互活动过程程序和 CSCL 交互行为的评价等本书核心研究问题的基础性问题进行讨论，提出自己的观点；最后从教育传播系统的一般模式出发，根据 CSCL 的特点，推导出 CSCL 系统的要素构成。基于对这个系统构成要素的整体把握，区别于一般教学策略，从 CSCL 关心学习者之间协同效应的关键特征出发，建立非面对面 CSCL 交互行为促进策略的一套由交互活动组织策略、微交互行为应馈策略、学习内容组织选择策略和教师指导与管理策略构成的策略体系。

第 4 章为合作学习组织技术。本章简要介绍了作为 CSCL 基础之一的合作学习的概念、特征、要素及典型方法，为 CSCL 学习协作支持策略的研究奠定基础。

第 5 章为非面对面 CSCL 交互活动组织策略。本章介绍第 3 章中建立的 CSCL 学习协作支持策略框架中的非面对面 CSCL 交互活动组织策略。在分析无规则的学习者交流的缺点的基础上，展开和深入讨论了策略体系中的“虚拟圆桌式”、“分步讨论型”“虚拟长桌型”和“角色扮演式”等交互活动组织策略的教学研究过程和具体策略与规则。

第 6 章为非面对面 CSCL 微交互行为应馈策略。本章首先根据功能的角色，对基于语言的非面对面交互的微交互言语进行分类，然后通过 CSCL 课程应用的实践，详细研究总结微交互言语行为的促进策略。

第 7 章为非面对面 CSCL 交互行为的教师指导与管理策略。本章首先讨论 CSCL 中教师的角色与能力结构，然后研究教师在 CSCL 交互活动中的分组策略、活动组织和管理策略，最后讨论总结 CSCL 学习内容和任务的组织和 CSCL 交互行为的绩效评价策略。

第 8 章为基于交互促进策略的 CSCL 工具。本章介绍 CSCL 典型专门工具和系统，以及通用沟通工具在 CSCL 课程中的应用价值，并主要讨论了基于交互促进策略的 CSCL 系统的开发思路、方法和工具原型。

第 9 章为总结与展望。本章总结了本研究的主要成果和结论，并对后续研究的问题进行分析和展望。

本书的很多内容来自笔者研究 CSCL 策略问题的博士论文，在此衷心感谢导师李克东教授在论文研究和其他各方面的指导和支持！本书参考了大量国内外文献，除已经在书中注明的外，一定还有部分参考文献未能注明，在此向这些文献的作者表示衷心感谢！本书的写作始终受到了首都师范大学出版社沈小梅编辑的支持，在此一并表示感谢！因水平等各方面的限制，书中错误与疏漏在所难免，敬请读者提出宝贵意见。

任剑锋

2012 年 10 月于北京

目　录

第1章 CSCL概述

1.1 计算机支持学习的发展概况

1.1.1 计算机支持学习的前源

计算机支持学习这个领域，起初常用“计算机辅助教学”(Computer-Assisted Instruction/Learning，以下简称CAI/CAL)、“计算机辅助教育”(Computer-Assisted Education，以下简称CAE)、“基于计算机的教学”或“计算机化教学”(Computer-Based Instructiona/Learning，以下简称CBI/CBL)及“基于计算机的教育”或“计算机化的教育”(Computer-Based Eduation，以下简称CBE)等含义关联又有所不同的几个名称来表示。其缩略词中间用“A”(assisted)或“B”(based)，体现出对计算机在教育教学中作用和地位认识上的不同。使用“A”时可能意味着计算机在教育教学系统中仅仅起到辅助的作用，而使用“B”时则强调计算机对教育教学的影响越来越大，在一定程度上可能替代教师。缩略词末尾的字母为“E”和“I”，体现计算机的使用是涉及整体教育系统还是主要关注计算机在教育系统的核心环节“教学”中的使用。另外，缩略词末尾用“L”代替“I”时，体现出对学生主体地位的强调。另外，用“L”涉及的范围更广，因为教学系统常常是有目的、有计划、系统性的，而学习(L)的可能性无处不在。“百慕大洋葱头模型”体现出了这种区别(如图1-1所示)。

计算机辅助教学最早产生于20世纪中期。众所周知，19世纪末期，出现了用电器化媒体革新教学的萌芽。20世纪初期，用电子媒体革新教育的活动在美国形成了“燎原之势”，这场被称为“视觉教学”(后来被称为“视听教学”)的运动标志着现代形态教育技术的诞生。

在利用电子媒体工具改进教学的同时，教育技术工作者也在制作各种各样的专门“教学机器”，并依据“行为主义”的原则用到教学中。20世纪50年代，以斯金纳新行为主义学习理论为指导，斯金纳据此提出的“程序教学”为典型代表的借助程序教材和程序教学机器的教学改革运动风靡开来。程序教学以“小步子”、“自定步调”、“积极的行

图 1-1　百慕大洋葱头模型 *

*转引自祝智庭．学校现代教育技术应用指导：计算机辅助教育卷[M]．上海：百家出版社，1999：3.

为反应”和“及时反馈”等著名的原则为指导，在教育技术的发展过程中起到了重要作用。笔者认为当时的机器教学可以看作 CAI 的滥觞。它奉行的用现代的、自动化的机器改进教学的思想，以及其遵循的程序教学原则，被早期的 CAI 继承。

然而程序教学运动在 20 世纪 50 年代末期却逐渐衰落了。至少有以下两个原因可以解释这种衰落。一个原因是对学习机制的研究逐渐从行为主义走向了“认知主义”，另外一个原因是，早在 1946 年就已经出现的电子计算机，约在 20 世纪 50 年代末、60 年代初，逐渐小型化，因此更有可能用在教育教学中。人们在应用的初步尝试中发现，计算机才是最先进和灵活的，在计算机程序中体现程序教学的思想也是最方便的。

1.1.2　计算机支持学习的发展简况

1946 年，人类制造出了第一台电子计算机，但由于其庞大的体积和昂贵的造价，因此在很长时间内不可能用于教育领域。

1958 年，IBM 利用其 IBM650 上的教学程序，教小学生二进制算术，这可能是最早的 CAI 活动。

1960 年，伊利诺斯大学开发出了第一套专门的 CAI 系统——PLATO-I。

1966 年，斯坦福大学与 IBM 合作的商品化 CAI 系统被生产，它利用 IBM1500 和 Courewriter 课件写作语言进行教学。

1974 年，PLATO-V 连接了 1100 个终端，开发了涉及 100 多门课程的 6000 多个 CAI 程序。

20 世纪 70 年代中期，出现了基于 LOGO 语言的建构式学习系统，该系统提供了与典型授递式、交互问答式 CAI 不同的计算机支持学习系统及应用模式。

进入 20 世纪 80 年代以后，随着计算机越来越微型化和价格的大幅下降，计算机大量进入各级各类学校及普通家庭，计算机支持学习更深地影响了教育教学的既有方式。

20 世纪 90 年代初，计算机互联网兴起，计算机支持学习的方式更加多样，资源跟以前相比更加丰富，计算机非常深刻地影响了人类的学习方式、教育方式和生活方式。

21 世纪来临以后，随着无线通信技术的发展和移动计算机终端的发展，真正随时随地的、情景化的、高度个性化又社会化的移动学习方式，将会成为计算机支持学习中最重要、最广泛的未来 CBL 方式之一。

1.1.3　计算机支持学习的常见类型

根据计算机在教育教学活动中起到的作用和学习组织形式的不同，可以将 CAI/CBL 分为多种类型，现简单介绍一些典型的 CAI/CBL。

1. 课堂展示模式

此模式中计算机主要被教师用来做制作和展示课堂教学内容的工具，以 PPT 的应用最为广泛。

2. 课堂应答模式

学生通过专门终端回答教师的问题，教师可以利用相应程序立即获得学生学习成绩情况，用以评价学习及调整教学措施。

3. 个别指导模式

此模式中学生利用交互式个别授导型课件进行学习，此种教学软件有讲解和练习的模块，在较大程度上计算机起到了代替教师的作用。

4. 咨询模式

此模式中学生利用资源型教学软件搜索知识，教学软件主要部分可看作一个知识库，集中某一领域和专题的知识，可供学生查询。

5. 操练与练习模式

利用操练与练习型教学软件集中学习和训练某一方面内容或培养某技能。

6. 模拟型模式

包括操作模拟、实验模拟和环境模拟等。在操作模拟中，教学软件出现一个可供学生操控的对象，如虚拟的照相机、螺旋测微仪等，以供学生学习其应用。配备传感器和特殊头套、手套可形成更逼真有效的操作模拟系统。实验模拟的形式较多，如学生可利用组织教学软件中出现的各种虚拟量杯、酒精灯等设计化学实验。在环境模拟中，学生可以对计算机上出现的虚拟自然和社会环境做出决定，如决定砍伐多少树木或捕捉多少肉食性动物。这些决定和行为将会引起虚拟环境或小或大的变化，如引起生态崩溃。学生因而能学习到人与自然及社会的关系。

7. 游戏型模式

此模式通过在教学程序中加入游戏目标、规则等，使学习过程更有趣味性。

8. CSCL

这是本书专门研究的一种 CBE 或 CBL 类型。

9. 虚拟学习共同体

通过专门开发的网络支持平台，把计算机互联网上不同地域的学习者组织在一起，强调由众多学习者组成的群体间的互相影响、共同的爱好、文化历史遗产、共同的目标、约定的规则、再生产循环及更加联系社会的主题及行为。

1.2 CSCL 的出现与发展：从人—机交互到人—人交互

在传统 CBE 中，我们关注的是计算机在教育中的应用方式和方法，即从计算机的教育方式而不是内容的角度（内容的角度属于计算机教育领域）来研究。CSCL 的研究也是这样，但不同之处是，在 CBE 的前述其他模式研究中，我们较多地关注计算机在人—机交互中的优势（这是以前计算机跟其他媒体相比最为突出的特点）。笔者也有专文讨论过这个问题，指出计算机辅助教育的交互性特点及其应用①。

但在 20 世纪 90 年代，计算机网络在教育中的应用和相关研究风起云涌。随着人们对教育和学习内涵的深入理解，协作学习越来越受到广泛重视，通过小组协作的形式，发挥学习者之间的协同效应，以最大化个人和小组的学习绩效，成为学习方法研究的新热点。与此同时，迅速发展的计算机及网络技术在教育中的应用也在不断深入，关于计算机在教育中的应用，人们的视野也开始从对基于计算机的个别化教学的研究，特别是通过对人—机交互的关注来提高计算机教学系统效能的角度，逐渐转到对通过计算机及计算机网络所进行的人—人交互的关注。我们觉察到基于网络的 CBE，其交互性的潜力主要在人—人交互方面，它将在一定程度上重建面对面的人际协同效应。我们曾指出：“另一种教育理论基础是协作教学思想，它从群体社会心理学和传播学的角度，阐述了教学过程中人际交互的重要性，认为学习者之间的互相协作、互相帮助与竞争，会有效地促进知识的掌握和某种观念的形成……这种教学思想强调学生之间的互相帮助和竞争以及由此产生的学习氛围，能够有效地提高教学的效果和效率……IBE 教学模式的优势，在应用小组协作教学理论体现群体思想上表现得极为突出。”②

① 任剑锋，张雪莉．交互作用与计算机辅助教学[J]．中国电化教育，1997(6)．

② 任剑锋，焦建英．IBE-DE 及 CBE 的新进展[J]．电化教育研究，2000(12)．

计算机支持的协作学习(CSCL)正是协作学习研究和计算机及网络教育应用这两种趋势的汇合点。在这样的背景下，CSCL 成为近年来国际教育技术研究的热点问题，成为教育技术领域一个新的充满生机的研究与实践领域。

由此可见，CSCL 与传统的其他 CBE 模式有一个继续与发展的关系，是 CBE 在新的技术环境和理论指导下，解决教育和学习问题的一种新发展。其主要强调基于计算机的人—人交互，通过充分发挥人际交互的协同效应，促进个人和共同体的学习效果。据此，笔者认为，CSCL 是在计算机的支持下，通过协作的方式，利用人际交互的协同效应和计算机信息传播与处理的优势最大化共同体和个人学习绩效的一种新的学习方式。

著名 CSCL 专家柯斯科曼把 CSCL 看作教育技术发展的新范例，给予 CSCL 的前景很高的评价。我们认为，CSCL 至少应被看作计算机辅助教育(CBE)新发展的一个方面，是基于新的认识论、学习理论和技术环境的 CBE。关于 CSCL 这个名称，有学者认为最早在 1989 年就得到使用。1990 年，第一个 CSCL 中心诞生。1995 年，第一届 CSCL 会议顺利召开，该会议组织国际范围内许多对此感兴趣的研究人员进行交流，促进了 CSCL 的发展。此后，CSCL 国际会议每隔两年召开一次，成为国际 CSCL 研究与交流的最佳阵地。另外，在其他有关教育与学习科学的国际会议(如学习科学国际会议 ICLS、网络学习的进展国际会议 ICWL、技术支持的学习与培训国际会议 ICTSLT、全球华人计算机教育应用大会 GCCCE 等)中，CSCL 也成了非常重要的议题。

作为一个新的研究领域，CSCL 涉及各种各样的知识领域，教育学、心理学、计算机科学、人类学、社会学、传播学、语言学和人类工程学等领域的研究者都介入 CSCL 的研究中。

虽然只有短短十多年的发展时间，但 CSCL 的研究已经取得了很大进展，开拓了广泛的研究主题，从相关国际会议内容看，其焦点问题有 CSCL 的基本概念、CSCL 的理论基础、CSCL 的效果评价、CSCL 的交互行为、CSCL 的社会学研究，以及 CSCL 的支撑技术及工具、环境的开发方法等。据瑞卡·皮莎罗等人对 CSCL2001 国际会议中欧洲研究者研究主题的统计，内容也涉及以下广泛的领域。

> 其中最具普遍性的方面是技术性的设计原则及其教育含义……大量研究报告所表现出的另一研究焦点似乎是在基于网络的环境中进行传播、协作探究和知识创建的特性……有些研究涉及了参与计算机支持协作学习的动机和学习情况以及教师和辅导人员的角色等方面……有少数研究关注计算机支持协作学习的评价及教育学模式开发问题……另外，有少数目的研究还关注计算机支持协作学习的理

论基础。①

从上面一段话我们也可以看出 CSCL 研究的蓬勃发展。

1.3 本书研究课题的提出

1.3.1 问题的提出背景

纵观 CSCL 研究的发展历程可以发现，交互问题一直是 CSCL 研究的一个核心问题。这是很自然的。

第一，CSCL 是基于新的学习观的计算机在教育中的应用，它所依据的学习理论是社会建构主义、情境认知等，相应地，它把学习看作“使学习者成为知识共同体成员的文化重构(reculturative)过程”②，强调社会性学习，即通过学习者之间的交互作用和协作效应，不仅促进知识的建构，更重要的是使学习者融入这个共同体，成为其中一员。学习的意义不仅存在于知识结果中，更在于这个“文化重构”的社会性过程中，在这里学习者在交互与协作中的发展过程本身就是意义所在。这一点，与新世纪对人才的要求是非常吻合的。21 世纪是一个信息化时代，基于数字环境的交流技能和建立在数字环境中的社会关系，已经成为必然趋势。人与技术是相互作用的，技术与人共生，在这种过程中，新的学习方式、交往方式、生活方式成为必然。从学习的体验和发展来看，通过 CSCL 培养学生的新的学习和社会交往素质非常重要，因此研究网络协作学习中交互行为的各个侧面显得很有必要。

第二，作为计算机支持协同工作(CSCW)和协作学习(CL)的应用，CSCL 关注的是协同效应，而协同的基础就是交互，没有参与者之间的交互，协同就不可能存在；交互是协同的前提，协同是由基于一定规则的交互来完成的。因此研究协同，不能不重视交互问题。

第三，交互研究涉及对协作学习中深层认知过程和社会情感因素的支持，对发挥 CSCL 的作用有非常重要的意义。相关研究认为，存在表层学习(surface learning)和深层学习(deep learning)两种学习类型或策略。表层学习达成用于测验的记忆和反刍，而深层学习则发展学生对材料的批判性理解。深层学习由主动的学习参与驱动，它和交

① Riikka Pyysalo, Marjut Iivonen and Jiri Lallimo. Overview of the Recent CSCL Research in Europe[DB/OL][2006-04-07]. http://www.euro-cscl.org/site/itcole/D2_1_review_of_cscl.pdf.

② Timothy Koschmann. CSCL: Theory and practice of an emerging paradigm [DB/OL]. [2006-04-07]. http://www.uib.no/People/sinia/CSCL/main_approaches.html.

互作用支持的情感参与是相关联的①。研究指出，根据认知原理精心设计的技术性协作交互环境，可为学生的探究过程提供深度支持。通过社会分布性的探究过程，推进学习共同体知识的发展和参与者认知状态的转换，使知识获取与探究的各个环节，如建立目标、问题研究、科学的信息解释和搜集，都能够在探究者之间共享和分布②。

第四，协作学习研究认为，协作学习中的交互，既是其重要手段(达到提高学习效果的目标)，也是其目的本身之一。著名教育技术专家罗米索斯基曾指出，人际交互技能同认知技能、心理动作技能、反应技能(态度)一样，必须在学校教学中占有重要地位。我国的协作学习研究者也认为，合作学习的目标体系包括两方面内容：学术性目标(即通常的教学目标)和合作技能目标③(即人际与社会交互目标)。这与第一点中提到的新时代对人才的要求是一致的。

交互研究是 CSCL 发挥社会性交互(学习者之间、学习者与教育者之间的交互)的协同效应的关键。只是简单把学生放置在一个共同任务的环境下并不一定能产生好的学习效果。良好的协作学习有赖于良好的协作策略及对其前提——交互机制的研究。但现有的研究尚存在很多不足。皮莎罗等人在分析 CSCL 的应用中遇到的问题时提出："对于计算机怎样应用才能更好地支持不同教育情境中的协作学习，我们好像还没有完全弄清楚。而且，许多研究者都有一个共同的需要，即更深入地了解在 CSCL 中产生的各种活动。"④这实际上就指出了我们对计算机如何有效促进协作交互的进程(而不只是提供信息交流和共享的空间)缺乏深入研究。

当然，有些问题也直接缘于我们对合作和协作学习本身的组织策略还不太成熟。合作学习在教学第一线的应用也出现类似的问题。有中学教师研究指出，合作学习目前存在的问题，在教师方面，表现为缺乏组织能力和适时引导能力等，在学生方面表现为缺乏自制力，缺乏主动性，出现"搭便车"效应和"吸盘"效应，缺乏相处的技巧，影响学习实效等。相关研究人员在原因分析中也指出了理论不成熟、教师无法引导等原因⑤，这也说明了目前我们对合作学习和计算机支持协作学习机制缺乏深入研究的

① D. R. Newman, Chris Johnson, Brian Webb, Clive Cochrane. Evaluating the quality of learning in Computer Supported Cooperative Learning[DB/OL]. [2006-05-04]. http: //www. qub. ac. uk/mgt/papers/jasis/jasis. html.

② Erno Lehtinen, Kai Hakkarainen, Lasse Lipponen, Marjaana Rahikainen1, Hanni Muukkonen. Computer Supported Collaborative Learning: A Review[DB/OL]. [2006-04-07]. http: //www. comlab. hut. fi/opetus/205/etatehtava1. pdf.

③ 王坦．合作学习的理念与实施[M]．北京：中国人事出版社，2002：71.

④ Riikka Pyysalo, Marjut Iivonen, Jiri Lallimo. Overview of the Recent CSCL Research in Europe[DB/OL]. [2006-04-07]. http: //www. euro－cscl. org/site/itcole/D2 _ 1 _ review _ of _ cscl. pdf.

⑤ 刘建平，马秉馥．小组合作学习中存在的问题与改进措施[C]//中国人工智能学会计算机辅助教育专业委员会．计算机与教育．北京：首都师范大学出版社，2005：250－253.

状况。

由此看来，关于 CSCL 协作和交互促进策略的研究是一个亟待探索的领域，这就是本书研究课题的理论与实践出发点。

1.3.2 本书课题的研究目标与方法

1. 研究范畴的界定

本研究课题“非面对面 CSCL 交互行为促进策略的研究”是 CSCL 交互促进策略研究的一部分。CSCL 包括多种类型，如从计算机的应用方式来看，有 With computer, At computer, Around computer 和 Through computer 等类型①。在 At computer 和 Around computer 等情境下，协作是在传统教室中，学习者围绕在计算机周围进行的，与传统教育一样，学习者之间可以进行面对面交流。而在有些情况下，如在 Through computer 中，学习者处在不同的地点，或者虽然在同一地点却不方便进行面对面沟通，因而采取非面对面的方式进行学习交互。

合作学习的研究对面对面交流的情况已经有了比较多的探索，这些研究虽没有强调计算机的支持，但所形成的策略与方法在面对面 CSCL 中多有较高的可移植性，而非面对面情境的策略与方法，现有研究却相当匮乏，因此本书主要研究非面对面情境下的 CSCL 交互促进策略问题。

非面对面的 CSCL 从协作时间上看，也存在实时与非实时的区别。在非实时或者异步交流的情况下，学习者之间的交流是间断性的，这影响了协作的效果。实时交互是一种连续性的交互，有深层次协作的可能。本研究主要关注的是实时交互的情况。

另外，交互也有多种类型，如人—机交互和人—人交互，在人—人交互中，也存在师—生交互和生—生交互的不同。由于 CSCL 作为 CBE 的一种新发展，关注的是人—人交互，借以发挥人际交互特别是学习者之间交互的协同效应，因此本研究主要关注的是学习者之间交互行为的促进策略问题。

这样，本研究的范畴是非面对面 CSCL 中学习者之间实时交互的促进策略问题。

2. 研究目标

交互研究的最终目的是探索交互规律，找出支持有效交互的策略。然而在现有的 CSCL 特别是非面对面 CSCL 的交互研究中，关于交互学习的规则和促进策略的研究非常少，没有系统的策略与方法，那么要有效地支持交互，提高交互效果就显得比较盲目，因此这个问题一方面亟待解决，另一方面又没有系统的研究结果（相关研究的现状

① Charles Crook. Computers and the collaborative experience of learning［M］. London：Routledge Press, 1994：1—10.

及讨论见后）。

基于上述考虑，本研究旨在探索非面对面 CSCL 中交互行为的促进策略，具体研究以下问题：

(1)系统地研究和总结 CSCL 交互的基本原理；

(2)在(1)的基础上，从交互活动组织方式、微交互行为、学习内容和师生主体等角度，探索非面对面 CSCL 交互行为的促进策略；

(3)根据不同侧面的交互行为促进策略，提出开发 CSCL 交互支持平台的方法，开发示例工具原型。

3. 研究思路、方法与步骤

本研究的思路是先通过文献、现有工具和 CSCL 应用情况的分析，进行理论研究，得出宏观和微观的 CSCL 交互行为促进策略的理论假设，然后通过 CSCL 课程应用实验，不断修正和完善策略，最后把策略导入 CSCL 交互支持工具的开发，形成基于策略的非面对面 CSCL 支持工具的原型(如图 1-2 所示)。

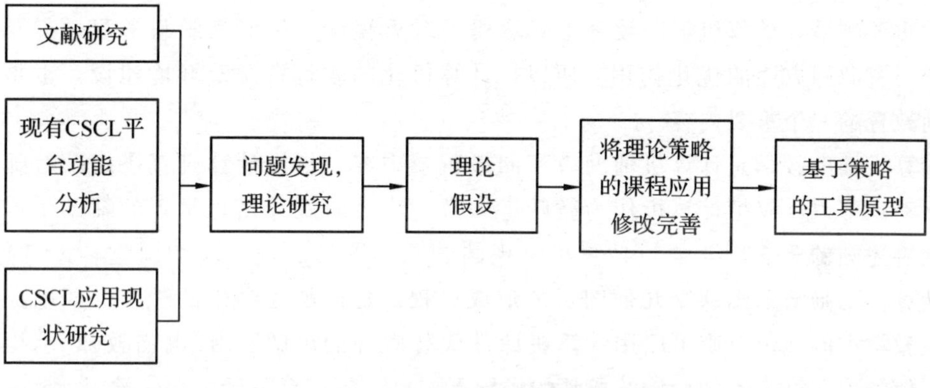

图 1-2　本课题的研究思路

本论文的研究综合采用文献研究、教学实验研究、行动研究、内容分析、访谈和调查研究等方法，总体研究过程如下。

准备阶段：提出文献研究和非面对面 CSCL 交互活动策略。

实验研究阶段：通过实验研究，检验比较某些策略的效果。

行动研究阶段：修正和完善各种具体策略。

工具原型：根据前几个阶段得出的非面对面 CSCL 交互促进策略，开发相应的专用工具的原型。

研究总结和论文完成阶段：分析研究数据，进行理论归纳和总结，得出研究结论。

1.4　相关概念和全书结构

1.4.1　几个相关概念

1. CBE（Computer-Based Education，简称 CBE），计算机辅助教育

计算机辅助教育，也称为基于计算机的教育，是计算机在教育领域的应用，指在现代教育思想和理论的指导下，在教育教学领域，有效运用计算机技术，改善和优化教育教学的资源和教育教学过程的理论研究与实践领域。

一般认为，计算机辅助教育包括计算机辅助教学（Computer-Assisted Instruction，简称 CAI）与计算机管理教学（Computer-Managed Instruction，简称 CMI）两个方面。实际上，还应把计算机在教育管理中的应用——计算机辅助教育管理——包括进来。另外，在教育技术学领域，原先我们更多地把注意力放到了教学和学习的过程方面，对教学与学习资源及环境有所忽视。按照目前对教育技术学的一般理解，我们强调教学与学习的过程和教学与学习的资源两方面并重。作为教育技术中现代电子媒体教育应用的重要领域，计算机辅助教育也必然要同时重视计算机对教学与学习过程及对教学与学习资源两方面的优化作用。所以，计算机化的教育资源及环境建设，也是计算机辅助教育的一个重要内容。

计算机辅助教学是计算机辅助教育的最重要内容，指用计算机直接帮助教师进行教学活动。可以仅仅把计算机作为教师讲解教学内容时媒体信息呈现的辅助手段，如教师在讲述圆的概念时，通过计算机呈现圆的几何图形。进一步的课堂辅助性使用，是用计算机动画演示圆这个几何图形的形成过程，从而加深学生的理解。如果提升计算机在教学中的地位，则可以用计算机课件代替教师的讲解，由“电脑教师”承担教学任务，使学生在这个不知疲倦的导师的指导下按自己的特点进行个别化学习。

CAI 与计算机辅助教育的其他内容相比，其特点是计算机直接参与了教育的核心环节——教学活动过程，并且计算机给学生呈现的是要求学生学习的直接的教学内容信息。这与计算机管理教学中计算机主要用于学习状态信息的搜集与分析不同，更不同于教育辅助、教育管理中计算机的作用。

与 CAI 相关的概念还有 CAL、CAT、CBI、CBL 等。有些文献中，CAL、CBI 和 CBL 都译为计算机辅助教学。其中，字母 L(learning)隐含了对学生是教学活动的主体的强调，是一种现代新型学生观的反映；字母 B(based)在英语中有“基于”或“××化”的意思，这使得计算机在教育中的作用比“辅助”(inssisted)重要或高级一些。如基于计算机网络的教育，由于师生的分离性，学生学习要更多地借助计算机，所以可以用 CBI 或 CBL 描述。CAT 实际包含了两个含义。一个含义是计算机辅助训练（Computer-

Based Training)，是用计算机培训某种技能，如用专门的计算机软件训练指法或五笔字型输入法，用计算机虚拟现实系统的虚拟病人培训医学专业学生的某项手术技能等。这种CAT常用于职业培训，其特点是目标十分明确，偏重于操作能力及应变能力的培养与训练。CAT的另一含义是计算机辅助测验(Computer-Based Testing)，是计算机在教育测验和评价中的应用。这种CAT属于计算机管理教学的内容。

计算机管理教学(CMI)是以计算机为主要处理手段进行的教学管理活动，包括用计算机帮助教师监测和评价学生的学习进展情况，收集反映学生学习的各种信息，提供帮助教学决策的信息，指导学生的学习过程，存放和管理教学材料、教学计划及学生成绩记录，并向教师做出报告等。CMI的作用主要是为每个学生规定教学计划，并提供学习进展报告，存放和管理教学材料，以供师生选用或按学生进度进行教学；对学生能力和进展程度进行分析评价，给出"处方"，对学生进行"补救"或帮助学生更好地掌握所学知识。

与其他CBE类型相比，在CMI中计算机呈现和处理的主要不是直接的教学内容信息，而是关于学生学习状态的信息及教学控制信息。常见的CMI系统有计算机教学监控系统、计算机课堂信息处理系统及计算机辅助测验系统三种。

计算机辅助教育管理是计算机在教学的支持系统——教育管理领域——的应用。在这里，计算机不直接参与教学环节，而是为教学环节服务，如用计算机进行学校的人事管理、财务管理、学生档案管理、学生成绩管理，用计算机校园网辅助日常的教育行政事务，发送有关文件，支持学生选课，发布课程调动、学术讲座的通知，等等。计算机化教育资源及环境的建设有很多优点，如多媒体化、传播迅速、数量和传播范围巨大，可以支持多种多样的新教学方式等。

CSCL可以看作CBE在新的技术环境和理论背景下的一种新的应用方式。

2. CSCW(Computer Supported Cooperative Work)，计算机支持协同工作

计算机支持协同工作是用计算机优化工作场景下的协作效果的一个计算机技术应用领域。目前，对CSCW的理解还没有一致意见。D. 罗森伯格和C. 哈钦森认为"就其字面含义所示，CSCW关注的是人们共同工作的方式以及如何将计算机系统设计成能够在该方式下支持工作的协作"。班依和施密特提出"CSCW应致力于研究协同工作的本质和特征，并以此为基础设计出具有足够的计算机技术支持的协同工作的信息系统"。格林伯格则认为"CSCW是研究设计、验证及实现群件的科学方法与技术"①。

史美林教授把CSCW定义为"地域分散的一个群体借助计算机及其网络技术，共同

① 顾君忠．计算机支持的协同工作导论[M]. 北京：清华大学出版社，2002：3.

协调与协作来完成一项任务”[①]。这是一个描述性的界定。顾君忠教授综合国外的一些观点，建议从 CS 和 CW 两个方面认识，将 CSCW 定义为“在计算机技术支持的环境下（即 CS)，特别是在计算机网络和多媒体环境下，一个群体协同工作完成一项共同的任务(即 CW)，它的目标是设计支持各种各样协同工作的应用系统”[②]。这是一个对 CSCW 比较全面的界定。CSCW 要研究如电子邮件、桌面视频会议系统等计算机通信系统、共享空间设施等技术成分和工作组织的管理、小组工作设计等人文成分两方面内容。但它对人文成分的研究最终会归于建立支持协作的计算机系统上。CSCL 可以看作 CSCW 在教育领域的一种应用。

3. CL(Cooperative Learning)，合作学习

合作学习有技术说、方法说、策略说和环境说等多种不同理解。约翰逊和霍勒别克将合作学习定义为“一种以小组学习为形式，旨在促进学生合作从而达到最佳学习效果的教学方法”[③]。沙伦指出：“合作学习是组织和促进课堂教学的一系列方法的总称。学生之间在学习过程中的合作则是所有方法的基本特征。在课堂上，同伴之间的合作是通过组织学生在小组活动中实现的，小组通常由 3～5 人组成。小组充当社会组织单位，学生们在这里通过同伴之间的相互作用和交流展开学习，同样也通过个人研究进行学习。”[④]这两种说法都把合作学习看成一种教学方法。

梅瓦里克把合作学习看成一种学习环境，认为合作学习是为达到一个共同目标在小组中共同学习的学习环境[⑤]。

斯莱文认为：“合作学习是指使学生在小组中从事学习活动，并依据他们整个小组的成绩获取奖励或认可的课堂教学技术。”[⑥]乔治·M. 雅各布等人认为，合作学习是“促进学生更有效地合作的思想和技术”[⑦]。

国内有学者从策略的角度理解合作学习。王红宇认为所谓合作学习，“就是指课堂教学以小组学习为主要组织形式，根据一定的合作性程序和方法促使学生在异质小组中共同学习，从而利用合作性人际交往促成学生认知、情感的教学策略体系”。王坦指出，“合作学习是一种旨在促进学生在异质小组互助合作，达成共同学习目标，并以小

① 史美林，等．计算机支持的协同工作：理论与应用[M]. 北京：电子工业出版社，2000：5.
② 顾君忠．计算机支持的协同工作导论[M]. 北京：清华大学出版社，2002：3.
③ 乔治·M. 雅各布，等．合作学习的教师指南[M]. 杨宁，等译．北京：中国轻工业出版社，20C5：1.
④ 王坦．合作学习的理念与实施[M]. 北京：中国人事出版社，2002：5.
⑤ 王坦．合作学习的理念与实施[M]. 北京：中国人事出版社，2002：5.
⑥ 王坦．合作学习的理念与实施[M]. 北京：中国人事出版社，2002：4.
⑦ 乔治·M. 雅各布，等．合作学习的教师指南[M]. 杨宁，等译．北京：中国轻工业出版社，20C5：2.

组的总体成绩为奖励依据的教学策略体系”①。

本人认为从环境的角度看合作学习视野太窄，“方法和技术说”也没有意识到合作学习在学习观念、教学组织程度和媒体等方面促成的重大变化。合作学习不只是一种具体的方法，它实际上包含了对新的教育、学习理念的应用，包括了对教学主体、教学组织程序和方法及媒体选择与应用方面的综合考虑，从教学方式的角度理解才比较全面。美国明尼苏达大学合作学习中心的约翰逊兄弟(D. W. Johnson&R. T. Johnson)对合作学习的定义为：“合作学习就是在教学上运用小组，使学生共同活动以最大限度地促进他们自己以及他人的学习。”美国肯塔基大学教授嘎斯基的看法是：“合作学习是一种教学形式，它要求学生在一些由 2～6 人组成的异质小组(heterogeneous group)中一起从事学习活动，共同完成教师分配的学习任务。在每个小组中，学生们通常从事各种需要合作和互助的学习活动。”②这两种定义是较好的界定。

4. 教学策略

多数学者对教学策略的理解，基本上包括了教学活动过程的程序、学习组织方式、教学方法和媒体等要素，他们认为教学策略是对完成特定教学目标而采取的教学活动程序、方法、形式和媒体等因素的总体考虑③④⑤。雷杰卢斯把教学策略划分为教学组织策略、教学管理策略和教学授递策略三类。教学组织策略考虑学习内容的安排，又可分为宏策略和微策略两类。宏策略从全局考虑学科内容之间的关系和序列，微策略则关心一个知识点的教学方法。授递策略考虑在教学中如何开展有效的师生交互活动。管理策略涉及对学习活动的管理⑥⑦⑧。因此一般来说，教学策略的设计包括“内容的选择、各部分内容顺序的安排、教学事件的选择、教学事件序列的确定，以及对特定学生和教学情境架构的特定教学事件的配置”等重要的教学决策。但可以看出，这些教学策略的焦点主要关注教师对知识内容的组织安排和授递问题，基于一种教学内容可以传授而不是由学生在交互中建构的学习理念，因此缺乏对协作学习中学习者之间交互活动策略的考虑。CSCL 则建立在情境认知等新的学习理论基础上，把教学活动的关注重心放到学生之间通过协作活动共建知识和共同体验上。因此本书中教学策略方面

① 王坦．合作学习的理念与实施[M]．北京：中国人事出版社，2002：6.
② 王坦．合作学习的理念与实施[M]．北京：中国人事出版社，2002：5.
③ 乌美娜．教学设计[M]．北京：高等教育出版社，1994：156.
④ 何克抗，等．教学系统设计[M]．北京：北京师范大学出版社，2002：132.
⑤ W. 迪克，L. 凯瑞，J. 凯瑞．系统化教学设计(第六版)[M]．庞维国，等译．上海：华东师范大学出版社，2007：182.
⑥ 何克抗，等．教学系统设计[M]．北京：北京师范大学出版社，2002：23.
⑦ 祝智庭．学校现代教育技术应用指南：计算机辅助教育卷[M]．上海：百家出版社，1999：183－190.
⑧ 盛群力，李志强．现代教学设计论[M]．杭州：浙江教育出版社，1998：287－288.

的内容，焦点也是放在关注协作学习者的协作活动组织策略和学习者之间的互动策略问题上。

5. 交互行为

交互行为指人与人之间或人机之间利用自然语言或人机交互界面通过相互应答进行交流的行为。传统 CAI 的交互关心的是学习者和学习程序之间的交互应答，通过程序接受学习者的问询，给学习者直接提供学习信息，或者引导学生主动学习和探索。这些个别化的学习系统，弥补了集中授课制的一刀切式的、不能因材施教的弊端，继续和充分发挥程序教学的小步子、自定步调、积极反馈和低错误率等原则，加上计算机的高人—机交互性、高速信息处理、多媒体化等优点，使 CAI 这种教学形式，重要程度逐渐超越了其他电子传媒辅助教学的形式，在 20 世纪后半叶获得了长足的发展。

但是传统 CAI 的交互，关注的只是人—机交互，它虽然能够迎合学习者不同的学习特点和水平，却也消解了共同学习时的群体效应。因此，当互联网和硬件环境发展起来后，在学习理论发展和重视学习的社会性的观念和理论基础上，CAI 的理念和方法自然要进行转变，通过充分发挥计算机和计算机网络的优势，以及共同学习的协同效应，达到最大化学习绩效的目的。相应地，CSCL 中的交互行为，其重心必然是基于计算机和计算机网络的人—人交互行为，这种既不同于传统 CAI 交互，又不同于非基于电子媒介的面对面交互的新交互行为，其规律和促进策略，成为 CSCL 研究非常重要的内容。

第 2 章　CSCL 的理论基础

很多理论可以作为 CSCL 研究的理论基础，主要包括社会文化理论、活动理论、建构主义学习理论、情境认知、分布式认知理论等认知和学习理论。这些理论关注的焦点各有不同，但它们都有如下的类似发展背景，都认同学习是一个社会过程，而不只是个体大脑内部的信息加工过程。

20 世纪 80 年代左右，在新的哲学思潮、人文环境和技术进步的影响下，西方心理学界开始反思传统心理学的分析单元、方法和范畴，通过对皮亚杰、维果茨基等人的成果的重新关注和发展，关于认知与学习的理论，从不同角度获得了很大的进步，结出了丰硕的果实。我们可以从以下三个方面认识这些深刻影响计算机教育应用理论基础之理论观念的发生发展背景。

第一，传统认知心理学的危机。对于认知和学习的规律，人类一直不懈探索。对于这个复杂的现象，人们的认识都只是从不同侧面对其规律性的近似进行揭示。冯特实验室的建立，是试图用自然科学的方法进行认知研究的开端；20 世纪 20 年代诞生的行为主义，影响近半个世纪，它的分析单元是个体的外显反应；认知心理学从 20 世纪 50 年代崛起后逐渐成为心理学研究的主流，它把个体大脑内部的心理活动作为分析单位。然而 20 世纪 80 年代以后，传统认知科学的两个目标受到质疑："其一，试图将复杂行为还原为一连串的简单行为；其二，在说明信息加工的神经机制时，试图将人类思维还原为神经生理学。"认知心理学创始人之一奈瑟和认知的信息加工理论主要倡导者西蒙都对信息加工模型进行了深刻反思，提出认知心理学应做出更加现实主义的转变，主张以生态学的方法取代信息加工的方法①。

第二，现代西方哲学思潮和皮亚杰、杜威、维果茨基思想的影响。现代西方的哲学流派，如现象学、存在主义、西方马克思主义等，观点各不相同，但有一点是类似的，那就是反对传统哲学严格的主客二分的倾向，强调主体的意义存在于主体与客体

---

① 高文．21 世纪人类学习的革命译丛·总序[M]//乔纳森．学习环境的理论基础．郑太年，等译．上海：华东师范大学出版社，2002：2.

的交互活动之中，倡导主客体在交互活动中的统一。作为一个哲学家、心理学家和教育家，在杜威的思想中，也蕴含着这种观念。“杜威提出的经验的自然主义，同现代西方哲学思潮和主要倾向是一致的，它集中反对传统的主客分立的二元论。”①这些思想对于心理学走出关注个体的狭隘分析单元是有直接影响的。杜威认为：“机体离不开环境。有了环境这个概念，把心理活动看作孤立存在于真空中的个体活动是不可能的。”②这句话就蕴含了对心理活动研究的个体分析单元(不管是外显行为还是内部符号处理机制)的质疑。在对心理学研究困境的反思中，对于维果茨基的心理学成果，人们也给予了特别关注。维果茨基根据马克思主义的实践观，指出“心理不仅通过人的活动表现出来，而且是在活动中形成的”③；“意识不是与世隔绝、脱离活动的内部封闭系统，而是以活动作为它的客观表现的”④。这些思想，对新的学习理论超越个体界限的范围观察认知现象，并关注人与人、人与环境的交互活动过程都是很有影响的。另外，维果茨基心理学的文化历史观和皮亚杰的自我建构观，与当代建构主义、情境理论、活动理论等的产生均有直接关系。

第三，社会科学家和社会科学方法的介入。在对心理学研究的反思中，一些社会学家、人类学家也开始介入认知研究领域。他们试图提供一种替代的框架和理论工具以研究工作情境中的认知问题。他们从各自角度进行研究，得到了一些颇有新意的发现。这些行为也影响了心理学的认知视野和方法的变化。

由于有上述相似的发展渊源，当代的认知和学习理论共享着一些有意义的观念，如超出个体的分析单元，对社会性交互、情境性和活动行为的关注等。下面我们对支撑 CSCL 的几种最主要的认识和学习理论，即建构主义学习理论、活动理论、分布式认知理论及情境理论做一些简单介绍和讨论，并在讨论中指出其对本书关于 CSCL 交互研究的指导意义。

2.1 建构主义学习理论

建构主义学习理论是认知学习理论的一个重要分支，是学习理论中行为主义发展到认知主义后的进一步发展，被誉为当代教育心理学中的一场革命⑤。建构主义认为，虽然自然事物是客观存在的，但我们对事物的认识则来源于我们对经验的解释。意义

① 杨寿堪．杜威反传统的经验自然主义哲学——《经验与自然》基本思想述评[J]．人文杂志，2003(5)．

② 周国梅，傅小兰．分布式认知——一种新的认知观点[J]．心理科学进展，2002，10(2)．

③ 杨利娟．活动理论与建构主义学习观[J]．教育科学研究，2000(4)．

④ 王光荣．维果茨基心理学理论述评[J]．心理学探新，2002(4)．

⑤ 莫雷．教育心理学[M]．广州：广东高等教育出版社，2002：125．

不会也不可能独立于认知个体而存在。

建构主义思想的哲学根源可以上溯至康德对理性主义与经验主义的综合。康德认为，主体不能直接通向外部世界，而只能通过利用内部构建的基本认知原则(范畴)去组织经验，从而发展知识。后结构主义则认为结构主义只注重客观主义而忽略了能动、实践的社会主体，因而后结构主义致力于恢复主观性、历史活动和实践的问题。这些思想是建构主义学习理论的产生和发展的深层意识根源。

建构主义产生的心理学基础是认识主义心理学内部的反思，其中皮亚杰学派和苏联社会文化历史学派在美国的流行起到了至关重要的推动作用。

皮亚杰认为，学习是一种“自我”建构。个体思维的产生过程，就是儿童在主客体相互作用的过程中获得个体经验与社会经验，从而使图式不断地协调、建构(即平衡)的过程。在皮亚杰的理论中，学习和心理发展不可能真正分开。心理发展被认为是主客体相互作用的结果。心理发展过程是主体自我选择、自我调节的主动建构过程。同化与顺应两种认知活动，是同一适应过程的两个不可分割的方面。

同化是主体将环境中的信息纳入并整合到已有的认知结构。它是根据认知结构对环境做出反应的过程，是认知结构与环境的一种匹配。“这其实是以你现有的和喜好的思考事物的方式，对外界物体和事件加以说明或解释。”①同化是主体过滤、改造外界刺激的过程，通过同化，可加强并丰富原有的认知结构。任何既定时刻的认知结构设定了可以由有机体同化的边界。可以说，一个人的特定心理决定了外部世界是什么样的(特定人特定时期的特定心理结构决定他能看到特定的环境)。

顺应是当主体的图式不能适应客体的要求时，就要改变原有图式，或创造新的图式，以适应环境需要的过程。顺应使图式得到调整和发展。同化表明主体改造客体的过程，顺应表明主体得到改造的过程。人们通过同化和顺应建构新知识，不断形成和发展新的认知结构。

皮亚杰强调了主体在认知发展建构过程中的主动性，即认知发展过程是主体自我选择、自我调节的主动建构过程，而平衡是主动建构的动力。有机体具有在自身与环境间形成和谐关系的先天趋向，这就是趋向平衡的心理推动力。环境变化造成认知失衡，平衡趋力促成有机体的顺应，使心理和环境间重新平衡以适应环境。人一生下来就是环境的主动探索者，他们通过对客体的操作，积极地建构新知识，通过同化和顺应的相互作用达到符合环境要求的动态平衡状态。皮亚杰认为主体与环境的平衡是适应的实质②。皮亚杰的学习观，首先说明了学习的建构性，是关于认知发展的活动内化

① J. H. 弗拉维尔，等. 认知发展(第四版)[M]. 上海：华东师范大学出版社，2002：5—6.

② 罗伯特·西格勒. 儿童思维发展[M]. 北京：世界图书出版公司，2006：118—119.

论。但“其缺陷是过于强调生物性，没有了解人的社会历史性”①。

维果茨基认为学习是一种“社会建构”，强调认知过程中学习者所处社会文化历史背景的作用，重视“活动”和“社会交往”在人的高级心理机能发展中的地位，认为过去心理机能的形成是二项图式，客体不能简单理解为物理体，人和动物都能实现种的属性的继承，但动物主要靠遗传来实现，不能外化为客体。人是有目的地进行活动，可以把经验客体化，最根本的是工具，其次是书面语言。从而把复杂思维活动外化，经验客体化，代代相传②。

维果茨基认为，在认知发展中，每一心理功能都发生两次。第一次在参与社会交互的人们之间，第二次在个体心理层面、个体内部。儿童最初在社会搭档的支持下完成认知任务，多次以后，这些社会交互便逐渐被内化，直到他们能独立完成任务。因此，个体心理过程起源于社会交互作用。

为说明这一过程，维果茨基提出“最近发展区”概念。最近发展区指儿童能够独立完成的任务和在与成人或是更优秀同伴交互作用中完成的任务之间的差距③。维果茨基提出，教学最重要的特征是不断创造最近发展区。这就创造了儿童不断发展的更大可能性。

当代建构主义者则融合了皮亚杰自我建构和维果茨基社会建构的观念，并有机地运用到学习理论中来，在此基础上提出了“意义建构”，主要观点如下。

1. 学习是学习者主动地利用感觉吸收并且建构意义的活动过程，是学习者与外部世界相互作用的过程。

2. 学习是一种社会性活动，学习者同他人的交往起着非常重要的作用。

3. 学习是在一定情景中发生的，不能离开实际生活而在头脑中抽象出虚无的、孤立的事实和理论，即人类的学习不能离开生活而存在。

4. 学习要借助先前的知识，在一定的资源和工具的支持下进行。

以此为基础，建构主义关于教学的基本思路就强调了以下几点④。

1. 注重以学生为中心进行教学

建构主义认为，学生是意义的主动建构者，而不是被动接收信息的容器。应该把学生看作形成有关现实理论的“思想家”。学习是由学习者内部控制的过程。教师也不应被看作“知识的授予者”，而是学生意义建构的帮助者、促进者和学习伙伴。

---

① 莫雷．教育心理学[M]．广州：广东高等教育出版社，2002：127.

② 莫雷．教育心理学[M]．广州：广东高等教育出版社，2002：127.

③ 罗伯特・西格勒．儿童思维发展[M]．北京：世界图书出版公司，2006：119.

④ 莫雷．教育心理学[M]．广州：广东高等教育出版社，2002：132.

2. 注重在实际情境中进行教学

建构主义强调开发围绕现实问题的学习活动，尽量创设能够表征知识的结构、能够促进学生积极主动地建构知识的社会化的、真实的情境。建构主义认为让学生在结构不良领域中进行学习有重要意义，结构良好领域不能提供生动性、丰富性，只能使学生获得低级的、单一的知识。建构主义还注重让学生解决现实问题。

3. 注重协作学习

建构主义强调学习的社会性。学习者是以自己的方式建构对事物的理解，不存在唯一的标准的理解。但是社会性的合作能够使理解更加全面和丰富。因此师生之间和学习者之间的讨论与交流、共同发现与解决问题的学习组织形式得到了重视。这也是合作学习和计算机支持协作学习的重要学习理论依据之一。

4. 注重提供充分的资源

建构主义强调要设计合适的教学环境，为学生的意义建构提供各种资源和工具条件。这是计算机支持的协作学习中以计算机为中心的智慧产品介入学习，促进学生认知建构过程和提供信息化虚拟真实环境(世界)，从而有效支持其意义建构过程的理论依据。

总之，建构主义强调设计学习环境，而不是说教性的教学程序。这些学习环境包括丰富的知识基础、真实的问题和在解决这些问题的过程中使用的真实工具，而反对预先设计的所要掌握的特定知识和对内容的简单化和序列化处理①。

建构主义的学习方法强调在一个可信的环境下，学习者设定自己学习的责任。当人们在一个可信的活动中协同工作时，他们能够从不同的视角看待问题，并且可以通过共享理解进行协商，产生有意义的认识和解决方案，强调通过社会的、文化的、历史的情境活动的参与进行意义建构。活动参与的一个重要元素就是在共享的情境协作活动经历中进行对话。这就是本课题从微交互层面和协作的社会性交往层面探索解决途径的原因之一。

2.2 活动理论

“活动”概念是近现代哲学的基本范畴。黑格尔首次阐述了关于活动的思想②。在他看来存在于我们思想之中的精神本性是自由的、抽象的、内在的东西，只有通过主体意志的创造活动，才能使理性的自由本性外化、对象化，并在世界历史中实现自己和

① 巴巴拉·西尔斯，丽塔里齐．教学技术：领域的定义和范畴[M]．乌美娜，刘雍潜，译．北京：中央广播电视大学出版社，1999：104－105.

② 潘洪建，徐继存．从活动理论看教学论建设[J]．上海教育科研，2001(12).

确证自己，然后又通过活动回到自身。正是借助意志的活动实现“理性”向世界历史现实的转化和世界历史现实向“理性”的转化。马克思、恩格斯批判地吸取了黑格尔和费尔巴哈活动理论的合理内核，在唯物史观和辩证法的基础上建立了科学的人的活动理论。在《1844 年经济学哲学手稿》中，马克思揭示了人的活动的基本特征，赋予人的活动现实客观性、自觉能动性、社会历史性等特征，并指明人的活动是对象性的感性活动，是主客体之间双向转化的运动过程，是能动和受动的统一，指出“社会生活在本质上是实践的”、“人们的存在就是它们的实际生活过程”①。

1922 年，苏联心理学家鲁宾斯坦在《创造性自主活动的原则》一文中第一次将属于哲学范畴的“活动”概念引入心理学，力图在活动概念中寻找解释人的心理结构的钥匙。维果茨基、巴索夫、列昂捷夫、艾里康宁等也陆续着手对活动问题进行实验研究，活动理论不断完善。

活动的哲学意义是指主体与客观世界相互作用的过程。活动理论以“活动”为逻辑起点研究和解释人的心理。皮亚杰的发生认识论深刻揭示了活动在儿童认识发展中的作用，认为人对客体的认识从活动开始。活动在人的智慧、思维和认识发生发展中起着构建的作用。活动是认识的源泉，也是发展的基础。苏联以维果茨基、列昂节夫等为代表的教育和心理学家则引入马克思主义认识论中的“实践”概念，把人的发展确定在主体对客体的实践活动上，指出“心理不仅通过人的活动表现出来，而且是在活动中形成的”。活动，尤其是外部的实践活动是人与客观世界之间的中介物，活动应是认识心理反应、认识意识问题的关键一环。他们把活动分为感性的实践活动和内部心理活动，指出二者相互作用，相互转化，保持着内化与外化的双重关系②③。

20 世纪 80 年代，活动理论引起了西方学者的注意。戴维·H. 乔纳森指出了活动理论的三个特点④：活动理论是一个社会文化分析的模式(所有人类活动都处在由人和物组成的社会大系统之中)；活动理论是一个社会历史分析的模式(所有人类活动都与时俱进且分布在个人及人们的文化之中)；活动理论是中介行动的理论，关注行动者及其文化工具，文化工具是活动的中介。

活动理论的关注单元是一个超出学习者个体的“活动系统”。行为主义者的视野是个体的外部行为，认知主义者的视野是个体大脑内部的信息加工机制。乔纳森认为，活动理论是一种重在把活动系统作为分析单元的社会文化分析模式。这是一个集体性

① 潘洪建，徐继存．从活动理论看教学论建设[J]．上海教育科研，2001(12)．

② 赵慧军．活动理论的产生、发展及前景[J]．东北师范大学报(哲学社会科学版)，1997(1)：87－88．

③ 杨莉娟．活动理论与建构主义学习观[J]．教育科学研究，2000(4)：61．

④ 戴维·H. 乔纳森．重温活动理论：作为设计以学生为中心的学习环境的框架[M]//戴维·H. 乔纳森．学习环境的理论基础．郑太年，任友群，译．上海：华东师范大学出版社，2002：91．

的建构活动，它不能再简化为个体行为。“一个活动系统是任何一个正在进行的、目标导向的、历史条件下的、具有辩证结构的、工具中介的人类互动：一个家庭、一个宗教组织、一个倡导什么的团体、一个政治运动、一个学程、一所学校、一门学科、一个研究实验室、一个职业等。”①

活动系统包括主体、客体、工具、分工、共同体和规则要素，尤里·恩格斯托姆等用图 2-1 解释活动系统的关系。

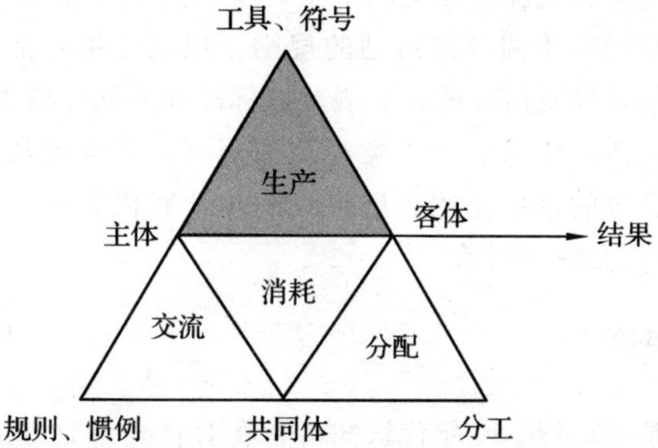

图 2-1　活动系统

生产子系统：活动系统分析的首要重点是图中上面的三角形(某种客体的生产)。任何活动系统的生产过程都包括一个主体、活动的客体和结果。在生产过程中，系统的客体被转换为结果，活动系统的意图就达到了。这个子系统包括主体和客体之间的互动关系，并以工具和符号为中介，其目标就是把活动的客体转换为一个结果。在此子系统中，主体是活动中的个人或小组，客体是系统生产出来的制品，包括物质上的、精神上的和符号上的，它们都是主体活动作用其上的制品。把客体转换成结果的过程表现了活动的目的和意图。在绝大多数情况下，工具和符号是活动者(主体)作用于客体的手段。它们可以是转换过程中使用的任何东西(如计算机等物品、符号系统等)。对特定文化的工具的使用形成了人们活动和思维的方式。工具能改变活动，也能被活动改变②。

消耗子系统：此子系统描述主体和周围的共同体怎样合作作用于客体。消耗过程代表了活动系统固有的矛盾。主体必须在一个共同体中进行活动，该共同体既支持主

① 戴维·H. 乔纳森．重温活动理论：作为设计以学生为中心的学习环境的框架[M]//戴维·H. 乔纳森．学习环境的理论基础．郑太平，任友群，译．上海：华东师范大学出版社，2002：92.

② 戴维·H. 乔纳森．重温活动理论：作为设计以学生为中心的学习环境的框架[M]//戴维·H. 乔纳森．学习环境的理论基础．郑太年，任友群，译．上海：华东师范大学出版社，2002：93—94。

体的生产活动，又消耗主体的能量。有意义的活动很少是主体单独完成的。人们可能单独行动，但其能力是由群体决定的。个体同时是不同共同体的成员，“人类个体的活动是一个社会关系系统，它不能脱离那些社会关系而存在”①。

分配子系统：此子系统通过确定劳动分工把活动客体与共同体联系起来，它根据社会法规或期望分配活动。

交流子系统：在工作共同体中，个人的、社会的文化规范之间的交流，决定了参与活动系统者的文化性质和氛围。在交流子系统中，这些规范是由共同体成员协商的，它们成为活动系统和活动主体调节其活动的规则。规则是指对活动进行约束的明确规定、法律、政策和惯例，以及潜在的社会规范、标准和共同体成员之间的关系②。

总之，活动理论把活动作为分析人类心理的起点，并强调从活动的社会性系统的角度重视共同体、制品等的重要作用，启发我们对计算机支持协作学习小组中的协作机制和协作中微交互行为进行分析。

2.3 分布式认知理论

分布式认知理论是20世纪80年代认知科学在对自身研究方法进行反思的背景下，受到西方现代哲学、杜威和维果茨基等的心理学对认知过程中主客交互活动和社会历史文化因素关注的启发，结合社会科学的研究方法，通过对社会实践共同体中认知现象的研究而逐渐发展起来的。分布式认知理论认为要在由个体与其他个体、人工制品所组成的功能系统的层次解释认知现象。那些在个体的分析单元中不可能看到的认知现象，在分布式认知研究中得到了强调。

传统认知观把认知看成局部性现象，总是在个体层次上，从大脑内部信息处理的角度对其进行解释，这样就限制了对个体层面上不可见的一些有意义因素的关注。赫钦斯力图打破这种局限，他认为认知具有分布性：“我将从个体的自然的情境性认知角度来思考问题。只是在海上(对轮船导航的研究)完成了我的第一个相关研究之后，我才意识到认知之社会分布性的重要性。”③“有充分的证据说明一个小组的认知属性是不同于小组之成员的认知属性的。在研究人类的认知能力时考虑到这一点是很重要的。”

① 戴维·H. 乔纳森. 重温活动理论：作为设计以学生为中心的学习环境的框架[M]//戴维·H. 乔纳森. 学习环境的理论基础. 郑太年，任友群，译. 上海：华东师范大学出版社，2002：94。

② 戴维·H. 乔纳森. 重温活动理论：作为设计以学生为中心的学习环境的框架[M]//戴维·H. 乔纳森. 学习环境的理论基础. 郑太年，任友群，译. 上海：华东师范大学出版社，2002：96.

③ Edwin Hutchins. Cognition in the Wild · Introduction. Cambridge, MA: MIT Press, 1995 [DB/OL]. www.sciencedirect.com/science/article/pii/B0080430767016363.

"……这是什么意思呢？当然是说个人的认知也是分布式认知。"[①]所以他认为认知最好被理解为一种分布现象。分布式认知据此提出了一个研究认知的新的分析单元——功能系统(Functional System，一种社会—技术系统，包括参与者全体、人工制品及其在所处特定环境中的相互关系)，在这个超越个体的分析视野中强调认知在时间、空间上和在个体、制品、内部及外部表征之间的分布性，并且要求在工作情境的层次上解释人类活动中的智能过程是如何超越个体参与者的界限的。

分布式认知理论的主要观点如下。[②]

1. 新的分析单元。传统认知强调个体认知，而分布式认知考虑到参与认知活动的全部因素，给出了一个新的分析单元——功能系统。这个新分析单元以共同参与认知加工的各元素间的功能性关系为基础，被证明很有实用价值："研究发现，把诸如驾驶员座舱等功能性系统看作分析单元能明显地提高工作绩效。"[③]

2. 认知的分布性。分布式认知强调认知现象在个体参与者、人工制品和内外部表征之间的分布性。这样，以前由人类学家和认知心理学家在不同个体和文化/认知之间所设定的传统界限被消解，相反，它们之间的相互作用则得到了特别关注。

3. 对交互作用的关注。分布式认知通过分析工作所产生的环境、表征媒体(如工具、显示器、使用手册、导航图等)、个体间的相互作用，以及他们与所有人工制品之间的交互活动解释认知现象。这些活动包括个体的行为、个体与一系列设备之间的交互行为、个体与其他成员之间的交互活动，或协同工作的成员与工具之间的交互活动。

4. 关注表征状态的传播及转换。分布式认知关注系统中不同参与者间知识传播方式和协作中所需信息通过表征状态系统，超越制品进行传播的方式。在这种情境下，认知活动被看作一种通过媒体间的表征状态传播而发生的运算。媒体包括了内部表征(个体大脑记忆)和外部表征(包括计算机和纸质的显示屏)两个方面；表征状态则指活动中信息和知识资源的转换方式。研究证明，对外部表征的关注也很有实用价值："外部表征有助于解决汉诺塔问题和解决几何问题。哪些信息被外部表征，以及如何表征，均对问题解决有影响。"[④]

5. 人工制品(artifacts)的地位。分布式认知对人工制品给予高度重视，认为人工制品在一个协作的共同体中有与人类参与者同等重要的地位，是表征和表征状态的转换不可或缺的重要组成部分。人工制品在支持人的智能方面的作用，与其说是扩展了能

---

① Edwin Hutchins. Distributed Cogniton[J/OL]//International Encyclopedia of the Social & Behavioral Science，2001：2068－2072.

② 任剑锋，李克东．分布式认知理论及其在 CSCL 系统设计中的应用[J]. 电化教育研究，2004(8)：4－5.

③ 周国梅，傅小兰．分布式认知——一种新的认知观点[J]. 心理科学进展，2002，10(2).

④ 周国梅，傅小兰．分布式认知——一种新的认知观点[J]. 心理科学进展，2002，10(2).

力，不如说是对任务进行了转换，使之更明显和易于解决。

6. 信息的共享。分布式认知强调一个协作共同体要共享相应的信息，这是进行协作的基础，也是参与者建立工作过程中情境性共享理解，保证任务完成的基础。

7. 重视具体情境和情境脉络。对任务情境和情境脉络的关注，是分布式认知的另一特点。强调对特定的情境和情境脉络中的信息表征和表征状态转换进行记录和解释，也是分布式认知方法的明显特点。

分布式认知认为，认知和知识的分布有以下三种类型：

第一，人工制品使部分智能事件具体化，文化被分布于人工制品之中；

第二，认知和运算任务可分配给人工制品；

第三，知识可分布于社会小组的成员之间。

分布式认知的研究形成了一种典型的研究方法，我们把它图示化为下列形式①(如图 2-2 所示)。

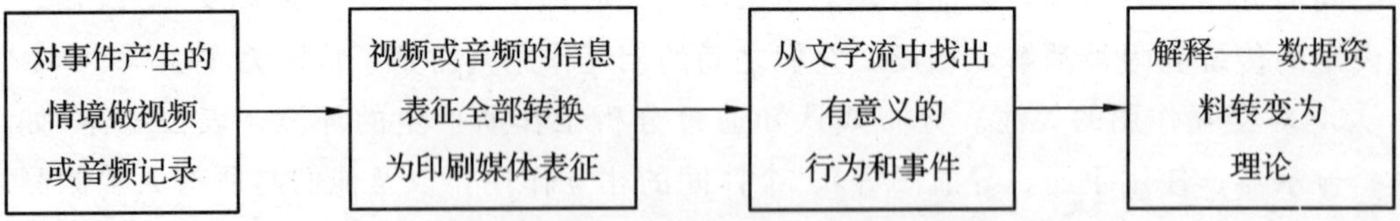

图 2-2　分布式认知研究的一种典型方法

第一阶段：对事件产生的情境做视频或音频记录。记录必须非常详细，对任何细微角落、色彩和气味的遗漏，都有可能使一些有意义的信息丢失。

第二阶段：把通过视频或音频记录形成的信息表征，全部转换为印刷媒体形态的表征，包括语言和其他行为的文字记录。

第三阶段：从第二阶段得到的文字记录中，找出有意义的行为和事件，前一阶段中的连续性行为流因此而被分割为有文化意义的块。

第四阶段：对第三阶段所确定的行为进行解释，从而把数据转换成相应的理论描述。

在这种方法中，研究者需要描述似乎非常琐碎的、容易被想当然进行解释的行为和交互活动的各个方面，传统分析中可能错失的那些不明显却具有重要意义的时刻，在此得以显露；与那种只关心引起问题的单独、首要因素的方法不同，这种方法能明确揭示问题是由多方面因素的交互影响引起的。

分布式认知是分析和构建计算机支持的协作学习(CSCL)系统的一个很好的理论框

① 任剑锋，李克东．分布式认知理论及其在 CSCL 系统设计中的应用[J]．电化教育研究，2004(8)：6—7.

架。对于 CSCL 交互研究和相应工具的开发有重要指导意义，主要表现为以下几点。

第一，网络协作学习环境是一个典型物理分布式环境。互联网由分布在全球范围的无数服务器组成。

第二，网络环境有很好的社会分布性。网络世界的内容由数以百万计的人创造，同时又有数以百万计的人使用。这种社会分布性是建立学习共同体的基础。实践共同体有以下特点：分享背景经验，有共同语言、共同目标，向前发展，推动力，有知识的创造和并不简单的社会交互活动。网络环境的特点使人们能建立实践共同体，计算机支持的协作可帮助塑造共同的目标、语言、文化和知识。

第三，网络环境也是一个典型的文化分布性环境。网络是一个大的文化制品，有自己的符号体系和得到广泛认可的设计习惯。这种设计习惯是自然选择的结果。利用网络技术，如讨论组、电子邮件和聊天室等，可以很容易地创建一些学习共同体。

网络环境的分布性特征为建立基于网络的协作学习共同体奠定了良好基础。在 CSCL 系统的设计中，分布式认知提醒我们要注意以下问题：关注共享知识的分析与实现；支持和促进学习共同体的特有文化的形成，树立学习共同体的明确的长期、短期目标；系统要给每个参与者适当的观察视野，这个观察视野应足以有效支持学习任务参与者对他人任务的监督，以提供帮助甚至直接进行替代性活动，保证共同任务的完成，并使每个参与者有相对独立和自由的工作空间；强调系统对交互活动的支持，使系统能通过对学习活动中人类参与者与其他人、制品进行交互的信息轨迹、流动方式的分析，了解和调整学习者具体活动的效能；重视人工制品的作用，从与人类参与者对等的角度对人工制品进行理解和设计①。

然而，要把分布式认知应用到 CSCL 中，支持 CSCL 系统的设计，下列问题是值得注意的。②

第一，分布式认知的研究本身尚不完善，它并不是能轻松地对具体问题进行设计的方法论。另外，是不是所有的认知都是分布式的，还存在不同意见。

第二，分布式认知的观点主要是从对实践共同体的任务完成的案例中得出的，实践共同体强调任务完成的效率，是绩效优先的系统。而一般的学校学习系统，是学生的学习和发展优先的系统，最终结果并不一定表现为能完成特定任务。分布式认知作为在绩效优先系统中得出的结论，在发展优先的学习系统中的应用必然有一定局限性。

第三，就目前看，分布式认知与其说提供了一系列可操作的理论依据，不如说开辟了一个新的研究视角。它的成果离可直接用于指导具体的学习设计的要求，还有一

① 任剑锋，李克东．分布式认知理论及其在 CSCL 系统设计中的应用[J]. 电化教育研究，2004(8).

② 任剑锋，李克东．分布式认知理论及其在 CSCL 系统设计中的应用[J]. 电化教育研究，2004(8).

定距离。比如，团体间成员如何交互作用？如何更好地设计各种外部信息，使人们方便、有效地利用信息资源，帮助人们形成合适的外部表征，从而解决问题？这些都需要更深入的研究。

第四，分布式认知对人工制品作用的强调及其强境脉化，也给某种情境下研究结果的推广应用带来一定困难。

2.4 情境学习理论

传统知识观把知识看作能打包的实体，可由教育者传递给学习者。在传统的学校教育中，学习者与现实环境、知与行相分离，学校关注的是抽象的、简化的和去情境化的概念。到 20 世纪 80 年代末，一些研究者开始对学习者与情境、知与行相分离的观点进行挑战。莱夫等人对学徒制进行了实地调查研究，发现了默会知识的重要性，并提出了情境学习的观点。他指出，学习是情境性的，“这种观点意味着没有一种活动不是情境性的”，情境性“所暗示的重点是涵盖完整的人的全面充分的理解，而不是被动地接受大量有关世界的事实性知识；它强调与世界的交互活动；强调主动行为者、活动和彼此相互构成的世界”①。布朗等人也认为，知识是情境性的，它要受到知识所使用的活动、情境以及文化的基本影响，并且与它们不可分离。比如，能把已做好的整件衣服交给学习者，学习者必须参与到环境的给予中，纺线、织布，进而把布裁剪成某一款式的服装。只有通过真正的活动，学习者才能编织自己的知识之服②。

情境学习理论强调学习情境的真实性、实践性，强调知识与情境之间动态相互作用的过程，布朗等人认为：知识与活动是不可分离的，活动不是学习与认知的辅助手段，它是学习整体中的一个有机组成部分。可以说是学习者在情境中通过活动获得了知识，学习与认知本质上是情境性的。巴拉布和杜菲指出，人们在某种现实情境中通过实践活动不仅获得了知识与技能，同时还获得了某一共同体成员的身份，两者是不可分离的。莱夫和温格认为情境学习是一种“合法的边缘性参与”，“边缘性”意味着置身于由某个共同体定义的参与领域中多元化的、多样性的、或多或少地投入和包含于其中的存在方式，关系到在社会世界中的定位。合法的边缘性暗示着权力关系的社会结构。边缘性是一个授权的位置，合法的边缘性本身就是拥权和失权的源头③。

莱夫等人强调，实践共同体中并没有标明为“边缘”的地方，也没有单一的核心中心，与“边缘性参与”相对的是“充分参与”而不是“中心参与”。充分参与的目的是能公

① J. 莱夫，E. 温格．情景学习：合法的边缘性参与[M]．王文静，译．上海：华东师范大学出版社，2004：4.
② 张振新，吴庆麟．情境学习理论研究综述[J]．心理科学，2005，28 (1).
③ J. 莱夫，E. 温格．情景学习：合法的边缘性参与[M]．王文静，译．上海：华东师范大学出版社，2004：6.

正地对待在共同体成员各种不同形式中的关系的多样性，它将重点放在部分参与没有涉及的东西上。边缘性是一个积极的概念，其最明显的反义词是“不相关性”或“非相关性”。新手的部分参与并不意味着脱离兴趣的实践，这也是一个动态的概念①。

实践共同体是情境学习理论的重要概念。共同体并不意味着要同时存在，一个明确定义可以确认的小组或存在明显的社会界限。“它意味着对一个活动系统的参与，其中参与者共享着理解，知道他们在干什么，以及他们的所作所为在他们的生活中意味着什么，对共同体意味着什么。”②莱夫等人把共同体定义为“一群追求共同事业，一起从事着通过协商的实践活动，分享着共同信念和理解的个体的集合”。从这个意义上说，在空间上聚集在一起的任一群体并不一定都是实践共同体。它强调要有共同的任务，使用工具、利用资源并通过实践活动完成任务，有共同的历史、知识基础与假设，以及各自担负的责任③。

CSCL 的研究者看到了情境理论对共同体共享财产和共同责任的关注，更注意到了学习共同体建立中身体的问题，这个问题实质上是一个从文化上而非仅在知识上的组群行为。柯斯科曼在分析 CSCL 与以前计算机教育应用形式(如传统 CAI、智能教学系统、基于 LOGO 的学习系统)的区别时即指出，CSCL 的认识论基础是认为知识的建构本质上是一种社会过程，其对学习的理解是认为学习是一种“使学习者成为知识共同体成员的文化重构(reculturative)过程”④。这可以说是从情境理论的角度看待 CSCL 中的学习过程的经典话语，引导我们在交互研究中要重视学习小组的共同责任、小组规则、成员身份特别是共同文化的营造。

---

① J. 莱夫，E. 温格．情景学习：合法的边缘性参与[M]. 王文静，译．上海：华东师范大学出版社，2004：7.

② 王文静．情景学习：合法的边缘性参与．译者序[M]//J. 莱夫，E. 温格．情景学习：合法的边缘性参与. 上海：华东师范大学出版社，2004：7.

③ 张振新，吴庆麟．情境学习理论研究综述[J]. 心理科学，2005，28 (1).

④ www. uib. no，Summary of the main points in Timothy Koschmann's："CSCL：Theory and practice of an emerging paradigm"，http：//www. uib. no/People/sinia/CSCL/main _ approaches. html.

第3章 CSCL交互基本问题的研究

3.1 CSCL的基本原理

3.1.1 CSCL的基本概念

在第1章中我们指出，CSCL是在计算机的支持下，通过协作的方式，利用人际交互的协同效应和计算机信息传播和处理的优势最大化共同体和个人学习绩效的一种新的学习方式。这是我们通过对CSCL现有研究的分析，总结CSCL的发展历程和性质得出的结论。实际上，目前关于CSCL的概念，还没有一个比较一致的界定。

关于CSCL的概念界定方式，班侬认为，可以从以下两个角度认识①：

1. 把CSCL这个概念看成一把“伞”，通过这个名称号召、聚集不同背景的研究人员来讨论他们的工作，互相获取养分。这其实是一种经常用来开拓新研究领域的方式。

2. 确定不同类型研究所关心的共同问题和特征，从而形成对其观念和研究对象的一致理解。这可以从考察CSCL这个合成概念的组成要素着手。

赞成第一种观点的研究者认为没有必要急于形成一个对CSCL统一的理解，形成统一的理解也是不太可能的。这个领域刚刚发展起来，研究人员的出身和研究角度复杂多样，如果在交流中使各方面人员能互相吸收对方的理解，对自己所从事的领域就会有很大价值。其实在一个新的研究领域形成之初，这种做法是很常见的。

较多学者是从上述第二个角度理解CSCL的。他们认为对CSCL需要有一个共同视角，可以根据首字母缩略词的构成，先分析其概念组成要素的含义。罗谢尔和添斯利认为：“协作是一种合作性的同步活动，这种活动是为了建构和维持对问题的共享理解而进行持续性努力的结果（协作其实包括同步和异步两个方面）。”②蒂伦博格分析给

---

① Liam J. Bannon. Issues in Computer-Supported Collaborative Learning[DB/OL]. [2006-04-07]. http://www.ul.ie/—idc/library/papersreports/LiamBannon/12/LBMarat.html.

② 任剑锋，焦建英. CSCL研究的几个基本问题述评[J]. 电化教育研究，2005(11).

“协作”两字加上另一因素“学习”后的意义，认为协作学习是一个参与者为了其工作建立共同目标，共享反馈，并就相关问题的不同观点进行讨论的过程①。当然，这里说的共同工作，是指共同学习。这样一来，再加上“计算机”的因素，斯蒂芬·唐斯认为，CSCL 这个概念就是“在计算机网络的支持下，同其他人一起进行的学习”②。并强调首先它是学习，是以协作方式进行，并在计算机网络的支持下进行的。这个界定概括了 CSCL 的基本特点，但并没说明 CSCL 研究者关注的焦点问题。

丽塔·迈斯纳也指出：“CSCL 指的是为了共同的任务和结果而协同工作，即意味着要在线以小组(的方式进行)工作……这种小组的成员能进行异步(非实时地)交互……在这种情况下，计算机仅起支持共同工作的作用，因为由于投入和时间等原因，不能采用面对面的方式。”③这个理解强调了 CSCL 不仅重视学习的结果，还主要关注共同任务的完成过程。提到“小组的成员能进行异步(非实时地)交互”，则隐喻着 CSCL 中存在着同步交互。这个理解的问题在于，CSCL 并非不能采用面对面方式时的替代品，即使在能够进行面对面交互的条件下，采用 CSCL 方式也有其特殊功效，见本文后面的讨论。另外，该概念也没有说清楚 CSCL 研究者关注的主要问题。

蒂莫西·柯斯科曼也从概念合成的角度指出：“CSCL 是这样一个研究领域，它主要关注以智慧产品(artifacts)为媒介的共同活动情景中意义及意义建构的实践。”④这个定义的特征可归纳为以下几点。

1. 对意义和意义建构过程关注是 CSCL 研究不同于传统教育研究的地方。传统的教育研究关注的是脱离情景的学习“结果”，而非过程。为什么要使用“意义构建”代替“学习”二字？有学者认为这是考虑到学习这个概念模糊含混，意义广泛，不适宜在 CSCL 中进行测量。

2. 对于共同活动的关注，使 CSCL 不同于传统信息加工研究。如传统认知心理学关注的是个体大脑内部的信息加工活动，它的研究分析单元是个体的大脑。

3. CSCL 研究不把“意义”看作从行为中推断出来的一种结果，而是看作可观察、可测量的意义建构活动本身的形式。

---

① 任剑锋，焦建英. CSCL 研究的几个基本问题述评[J]. 电化教育研究，2005(11).

② Stephen Downes. How Social is Computer Supported Collaborative Learning：Do Off—task Interactions Exist? [DB/OL]. [2006-04-07]. http：//www.downes.ca/cgi — bin/website/view.cgi? dbs = Article&key = 1094172385&format=full.

③ Rita Meissner. CSCL—What is it— From traditional teaching to computer assisted teaching[DB/OL]. [2006-03-05]. http：//www.uib.no/People/sinia/CSCL/web_struktur—343.htm，CSCL — A brief overview & interesting links for further study.

④ Timothy Koschmann. Dewey's Contribution to the Foundations of CSCL [C]//Proceedings of CSCL 2002. Hillsdale：Lawrence Erlbaum Assoiates Inc. 2002：17—22；

4. CSCL 研究不同于社会学或语言学研究的地方，在于对“借助于智慧产品的共同活动的方式”的关注，也就是说 CSCL 研究者要积极参与为协作和学习而进行的技术设计和应用活动。

这个定义含义深刻，得到了广泛引用。以上提到的 4 点，特别是第 4 点，揭示了 CSCL 的关键特征，也指明了 CSCL 研究者所关注的焦点问题。当然，这个定义使用智慧产品(artifacts)代替计算机，但由于 artifacts 的含义非常广，相关研究都指出它包含了物质工具、语言符号、文化、社会产品制度等，因此我们认为最好能明确突出计算机，把“借助于智慧产品的共同活动的方式”改为“借助以计算机为核心技术工具的制品”。

其实，除了班依提出的上述两种定义方式外，还有一些学者通过与 CSCW 的比较理解 CSCL。达芙妮等认为 CSCL 与 CSCW 的不同之处在于：CSCW 主要关注通信技术本身，而 CSCL 关注的是通讯的内容；CSCW 被用于商业情境中，而 CSCL 适用于教育情境；CSCW 的目的是便于小组的通讯和提高工作成效，而 CSCL 的目的是支持学习者的学习，提高共同学习的效率。

达芙妮等还指出，两者的利用都基于以下假设：计算机支持的系统能以一种在面对面情况下不能获得的方式支持小组的工作过程，提高小组的动力，但它们并非为代替面对面的交流而设计。两者都经过精心的设计以成倍地提高在同一场所或通过网络所形成的小组的工作效率。这些系统能够支持观念、信息的交流，对信息和文档的访问和在解决问题的过程中提供反馈。两者的研究不仅包括群件技术的内容，还涉及与之相关的社会的、心理的内容和学习效果等方面①。

这个理解通过比较，基本说明了 CSCL 相对于 CSCW 的特点，并把对 CSCL 的研究纳入了一个比较广泛的视野之中。但 CSCL 与 CSCW 的区别可能不在于一个关注技术本身而一个关注内容，我们认为两者都关注技术本身，但两者对技术的关心也都是为了通过技术提高小组工作(学习)的绩效，这就是 CSCL 研究者关注的主要问题。另外，CSCW 是绩效优先的，最终目的是最大化组织业绩，CSCL 则在最大化小组学习成效的基础上，关注个人的发展，小组学习与个人发展是不可分的。因此，在学校情境下，就学生社会化和其问题解决能力的发展而言，通过 CSCL 系统进行交流本身就很有意思，这是一个适应数字化社会的交流方式、学习方式和成长方式的过程。当然利用 CSCL 系统，通过交互作用，促进学习者知识建构的深加工，也是 CSCL 关注的重要方面，这也可以说是目前 CSCL 关注的主要方面。

① Wana Daphne, Lin Hsiao. CSCL Theories[DB/OL]. [2006-05-04]. http: //www. edb. utexas. edu/csclstudent/Dhsiao/theories. html.

最后，在 CSCL 这个缩略语中，关于第二个“C”，学者也有不同意见，有人认为这个“C”指“合作”(Cooperative)，有人认为这个“C”指“协作”(Collaborative)，后来较多人接受柯斯科曼的建议，用这个“C”表示“协作”的含义。“合作”与“协作”是有区别的。关于这一点，露丝·克劳利有比较好的说明。他认为，这两者都是指群体学习活动，它们的不同之处在于群组如何处理学习任务。“合作”的学习者经常把任务加以划分，每个人分担一部分子任务。“协作”的学习者则共同工作以完成一个完整的任务，这个任务通常是他们不能单独解决的，或者采用“协作”的方式更优。这样看来，合作学习的子任务中也可能采用协作学习方式①。

实际上，从 CSCL 的研究现状看，大多数学者比较开放地看待这个概念，即凡是在基于计算机的学习中，采用一定形式的学生之间的交流，能从交互中互相促进，就属于 CSCL 的研究范围。

上面的界定虽各有侧重，但我们可以发现两个共同点：一是强调 CSCL 要侧重协同性；二是计算机在 CSCL 中的作用是利用计算机信息处理和传播的优势支持协同。这样一来，本人的界定就明确强调了这两点，并提出了 CSCL 从本质上讲是一种新的学习方式。

3.1.2　CSCL 的性质

CSCL 本质上是什么？柯斯科曼认为它是教育技术的一种新范型(见第 1 章第 1 节)。笔者觉得说得有些太过。从其发展的渊源看，笔者认为它实际上是计算机辅助教育(CBE)的新发展，是基于新的技术环境和教育、学习理论的 CBE。笔者给出的定义说它是“新的学习方式”，这与 CBE 的性质是一致的。

在传统计算机辅助教育中，我们关注的是计算机在教育中的应用方式和方法，即从计算机之于教育的方式而不是内容的角度(内容的角度属于计算机教育领域)来研究。CSCL 的研究也是这样，不同之处在于，在传统 CBE 的研究中，我们较多地关注计算机在个别化教学中的应用，关注发挥计算机人—机的交互性优势(这是以前计算机跟其他媒体相比最为突出的特点)。笔者也有专文讨论过这个问题，指出计算机辅助教育的交互性特点及其应用②。

但在 20 世纪 90 年代，计算机网络在教育中的应用和相关研究风起云涌。我们觉察到基于网络的 CBE，其交互性的潜力将主要在人—人交互方面，它将在一定程度上重建面对面的人际协同效应。我们曾指出：“另一种教育理论基础是协作教学思想，它从群体社会心理学和传播学的角度，阐述了教学过程中人际交互的重要性，认为学习者

① Ruth Crawley. CSCL — What's in a Name? [DB/OL]. [2006-04-07]. http://www.bton.ac.uk/cscl/jtap/what_is.htm.

② 任剑锋，张雪莉．交互作用与计算机辅助教学[J]．中国电化教育，1997(6).

之间的互相协作、互相帮助与竞争，会有效地促进知识的掌握和某种观念的形成。如果说计算机辅助个别化教学是对课堂集中式教学模式的一次否定，那么小群体协作教学思想的出现则是对个别化教学的否定。这种教学思想强调，学生之间的互相帮助和竞争以及由此产生的学习氛围，能够有效地提高教学的效果和效率……CBE 教学模式的优势，在应用小组协作教学理论体现群件思想上表现得极为突出。”①

由此可见，基于网络的协作学习，与传统 CBE 有一个继续与发展的关系，是 CBE 在新的技术环境和理论指导下，解决教育和学习问题的一种特例。

那么这种新的 CBE 形式，有哪些不同于传统 CBE 及面对面合作学习的特点呢？

3.1.3 CSCL 的特点

没有比较就无所谓特点，CSCL 的特点，只能从它与其他事物的比较中得到。我们认为，CSCL 是计算机教育应用的新发展，是新的技术环境下，基于新的哲学、认知和学习理念的 CBE 形式。因此，CSCL 的特点，可以首先从它与早期 CBE 的各种形式的比较中进行理解。CSCL 与其他早期 CBE 类型（如 CAI、ITS 等）有很大区别（这主要是认知和学习观念不同导致的）。关于 CSCL 与其他计算机教育应用类型相比的特点，柯斯科曼曾给出下表进行比较和总结②（见表 3.1）。

表 3.1 CSCL 与其他 CBE 类型的联系与区别（表头文字系笔者所加）

	CAI	ITS	Logo-as-Latin	CSCL
首字母缩略语的含义	计算机辅助教学	智能教学系统	基于 Logo 的学习系统	计算机支持的协作学习
依据的学习理论	行为主义	认知主义	认知建构主义	社会建构主义 苏联社会文化理论 情境认知
认识论基础	·实在论（知识是既定的） ·绝对论（教师是最终的权威）	·实在论（知识是既定的） ·绝对论（教师是最终的权威）	·相对主义 ·不可知论 ·知识不是通过对存在本体的发现获得的，而是在有机体的经验（体验）中，主动建构的	·相对主义 ·不可知论 ·知识的建构本质上是一种社会过程

① 任剑锋，焦建英．IBE－DE 及 CBE 的新进展[J]. 电化教育研究，2000(12).

② Timothy Koschmann. Summary of the main points in Timothy Koschmann's："CSCL：Theory and practice of an emerging paradigm"[DB/OL]. [2006-05-04]. http：//www. uib. no/People/sinia/CSCL/main _ approaches. html.

续表

	CAI	ITS	Logo-as-Latin	CSCL
对学习的解释	学习是对已经确定的(经常是严格限定的)信息的被动接受或吸收过程	学习是学习者对问题空间建立合适理解的过程	学习是新旧知识相互作用，引起同化和顺应的过程	学习是使学习者成为知识共同体成员的文化重构(reculturative)过程
大脑观念	是留存在个体头脑中的现象	是留存在个体头脑中的现象	是留存在个体头脑中的现象	是存在于处在特定社会文化环境中的大脑中的许多互相竞争/冲突的观点
研究方法	传统的心理学实验方法	传统的心理学实验方法	传统的心理学实验方法	来自社会和人文科学的方法
研究焦点	教学功效	教学能力	教学迁移	·重过程而非结果 ·主要关注观察数据的基本理论 ·描述性而非实验性 ·注重从参与者的角度进行分析(因此，关注的是参与者的谈话、支持其学习的和由其创造的智力产品，以及参与者成果的数量等)
教学模式	教学变成一种传播和递送过程	教学需经主动设计以支持学习者对表征的获得	通过探索进行学习	社会性学习
技术的角色	直接满足课堂实践教学需要的工具	通过设计问题和提供对学习者的反馈服务于教学	计算机创造各种使学习者成为“教师”、计算机充当学员的环境	重要性因距离、应用方式等变化。可以仅仅在屏幕上提供两个人的图像，也可以通过技术将更多的面对面讨论等方式应用到学习中

续表

	CAI	ITS	Logo-as-Latin	CSCL
应用焦点	鉴别学习目标，并通过能将目标分解为子学习任务和形成引导学习者学习整个学科内容的学习活动的程序实现目标	鉴别学习目标，根据学习者目前的知识分解学习任务支持学习，达到学习目标	学习编程是为了认知效益而不仅仅是为了学会编程	关注促进协作，协作的目的是支持学习
开发者的背景	教学领域人员	人工智能专家	—	社会科学家

上表通过对比，突出了 CSCL 的特点，核心在于它所依据的学习理论是社会建构主义、情境认知等，相应地，它把学习看作“使学习者成为知识共同体成员的文化重构(reculturative)过程”，强调社会性学习，即通过学习者之间的交互作用和协作效应，不仅促进知识的建构，更重要的是使学习者融入这个共同体，成为其中的一员。学习的意义不仅存在于知识结果中，更存在于这个“文化重构”的社会性发展过程中，在这里，学习者在交互与协作中的发展过程本身就是意义所在。

作为 CSCW 的应用，CSCL 的其他特点可从其与 CSCW 的比较中得出，我们在前面的概念讨论中已经谈过了 CSCL 与 CSCW 相比较的特点。

此外，作为一种特殊技术支持下的学习，CSCL 与一般协作或合作学习相比，又有哪些特征呢？黄荣怀教授对此问题有比较全面的总结，他认为，CSCL 中的 CL 有冲破时空限制、可控性强、能隐藏附属角色、复杂低层工作简化、能全面展现问题情境、有丰富在线资讯等诸多优点①。

3.1.4 CSCL 的功效与理论和方法研究框架

上文从各个角度，通过相关事物的比较，反映了 CSCL 的特点。下面我们来讨论 CSCL 的功效。CSCL 的功效，表现在它对学习具体知识的帮助和对参与者社会性素养发展方面的促进作用两大方面。

第一，CSCL 能够培养 21 世纪的人才必备的社会技能。21 世纪的人类社会是一个信息化社会，基于数字环境的交流技能和建立在数字环境中的社会关系，已经成为现

① 黄荣怀. CSCL 的理论与方法[J]. 电化教育研究，1999(6)：26－30.

实趋势。人与技术是相互作用的，技术与人共生，在这个过程中，新的学习方式、交往方式、生活方式成为必然。从学习的体验和发展来看，通过CSCL能培养学生新的学习和社会交往素质，这一点是非常重要的。

第二，相关研究指出，CSCL提供了一种能够提高生生、师生之间社会交互数量和质量的计算机环境，使参与者的交互活动更明显(可视)，从而为生生、师生之间的相互理解提供了更大的可能性。群件的帮助也使学生能在交互主体性或社会性水平上有意识地建构新知识①。

第三，有足够的实验证明，CSCL工具能够促进学生学习，特别是高级认知过程和技能的发展。一个根据认知原理精心设计的技术性协作学习环境，可为学生的探究过程提供深度支持，通过社会分布性的探究过程，推进学习共同体知识的发展和参与者认知状态的转换。知识获取与探究的各个环节，如建立目标、问题研究、科学信息的解释和搜集，都能够在探究者之间共享和发布②。

第四，有研究指出，协作是一种基于规则的共同工作，它通过真实的观点统一，通过所有权(责任)和联合产生信任、整体性和突破性的结果③。这样就能实现最大化整体收益的效果，并有助于形成良好的学习共同体。CSCL的推广应用，会从观念、方法和结果等方面对学校内外的学习产生深刻的影响。

虽然只有短短十多年的发展时间，但CSCL的研究已经取得了很大进展，开拓了广泛的研究主题，从相关国际会议内容看，其焦点问题有CSCL的基本概念、CSCL的理论基础、CSCL的效果评价、CSCL的交互行为、CSCL的社会学研究，以及CSCL的支撑技术及工具、环境的开发方法等。结合CSCL目前的研究热点，考虑到其将来的发展趋势，从一个领域初步发展期的应然方面考虑，我们认为可以构建一个下述CSCL理论与方法体系框架。

1. CSCL基本理论

(1)CSCL的基本概念、功能与特点；

(2)CSCL的理论基础；

---

① Erno Lehtinen, Kai Hakkarainen, Lasse Lipponen, Marjaana Rahikainen1, Hanni Muukkonen. Computer Supported Collaborative Learning: A Review[DB/OL]. [2006-04-07]. http://www.comlab.hut.fi/opetus/205/etatehtava1.pdf.

② Erno Lehtinen, Kai Hakkarainen, Lasse Lipponen, Marjaana Rahikainen1, Hanni Muukkonen. Computer Supported Collaborative Learning: A Review[DB/OL]. [2006-04-07]. http://www.comlab.hut.fi/opetus/205/etatehtava1.pdf.

③ Erno Lehtinen, Kai Hakkarainen, Lasse Lipponen, Marjaana Rahikainen1, Hanni Muukkonen. Computer Supported Collaborative Learning: A Review[DB/OL]. [2006-04-07]. http://www.comlab.hut.fi/opetus/205/etatehtava1.pdf.

(3)CSCL 的理论体系框架构成；
(4)CSCL 的社会文化分析；
(5)CSCL 应用模式与方法；
(6)CSCL 协作能力及绩效评价；
(7)CSCL 研究方法。
2. CSCL 的支持技术及技术开发方法
(1)CSCL 关键技术；
(2)CSCL 设计开发的原则与模型；
(3)CSCL 工具、系统的设计、开发策略。
3. CSCL 应用研究
(1)CSCL 应用策略；
(2)CSCL 在各级各类教育系统中的适用性研究；
(3)CSCL 企业培训领域的应用；
(4)CSCL 应用案例的分析和发展性研究。

3.2 CSCL 交互的几个基本问题

上一节我们对 CSCL 的基本问题进行了讨论，并总结了一个 CSCL 理论与方法的框架。从中可以看出，交互问题是 CSCL 研究与应用的关键主题之一。本节我们对 CSCL 交互问题进行梳理和探索，从而导出本书对非面对面 CSCL 交互活动促进策略的总体考虑。

3.2.1 CSCL 交互行为的性质与类型

首先要明确，我们这里所说的交互，是基于计算机网络的人与人的交互，主要是学生与学生的交互行为，不包括人—机交互方面的内容。基于计算机的生—生交互，是 CSCL 中协作存在的前提与具体表现。协作行为必然要在一定机制下，通过人际不同层次的交互行为推进和达成。把学习者放到一个共同的任务环境中并不能保证有效的学习。他们必须能积极有效地进行交互，这是协作学习成功的保证。温格把交互行为对教学成功的作用总结为促进知识精细化和记忆、支持学习者自我管理、增强动机、促进理解的协商、形成小组、支持发现、支持探索、为理解进行的阐述、产生中止作用、提高参与性、加深沟通和获得反馈 12 个方面①，由此可以看出交互对成功的

① Patti Shank. New Social Interaction Tools for Online Instruction [DB/OL]. [2006-05-04]. http://it.coe.uga.edu/itforum/paper81/paper81.html.

CSCL 的重要性。

CSCL 的交互类型，首先可以按照计算机的应用方式划分，克鲁克据此将其划分为以下四种类型①。

· With computer，学习者通过计算机，用专门开发的学习程序协作交流。

· At computer，同一学习小组在同一计算机上，协同交流以解决共同问题。

· Around computer，学习者小组在计算机周围进行协作交互，但不像上一种那样正式严格，也不必有共同的任务。

· Through computer，即学习者通过计算机网络，用通用的网络交流工具(如电子邮件和视频会议等)进行远程交互。

其实，克鲁克的划分另外还包括一种以计算机为教育内容的 CSCL，但我们考虑的是计算机对教育方式的支持，所以此处没有把它作为一类 CSCL 的类型。此外，上述四分法中，At 与 Around 类型的区别并不那么明显。With 和 Through 则都是完全通过计算机程序交流，区别在于 With 中所使用的是专用于教授某教学内容的程序，而 Through 类型中计算机只提供通用的网络通信手段，相关程序与具体的教学内容无关。

其次，可以考虑从时间和空间两个维度来进行，这样就可以得到实时面对面交互、实时非面对面交互、非实时面对面交互与非实时非面对面交互四种类型，本论文的研究主要考虑非面对面实时交互的情况。

再次，可以考虑从交互信息的通道角度，把交互分为语言交互、非语言交互或从交互工具的角度分为基于文本工具(如 BBS)、视频工具(如视频会议系统)等的交互类型。有较多研究是从这些角度着手进行的，本论文的研究主要基于语言的交互。

另一类很有意义的分法是根据交互内容的性质来进行分类。如拉尔斯·斯尔森的实验区分出了三类明显不同的交互行为：质询(query)、反馈(feedback)和小交谈(smalltalk)。在“质询”型交互中，学习者主要进行提问和相应的回应，如提供示例、阐述等；“反馈”型交互主要是一些对学习者作品或贡献的评价行为；“小交谈”型交互则是娱乐性或交际性的，内容常常与交互双方在共同的课程活动或其他事情中的一贯性历程有关②。

3.2.2　CSCL 交互过程程序

在基于网络的协作学习中，如何完成有效的交互？一般要经过哪些环节？这个问

① C. Crook. Computers and the collaborative experience of learning [DB/OL]. [2006-05-04]. http://www.mdx.ac.uk/www/study/comcol.htm#zone%20of%20inter.action.

② Lars Svensson. Interaction repertoire in a learning community [DB/OL]. [2006-05-04]. http://newmedia.colorado.edu/cscl/175.pdf.

题的研究是进一步通过计算机技术支持协作学习发展的前提。

古里拜等人从宏观可观察的角度，把构成协作的交互过程分为三个方面：理解协作条件、努力协调协作和对绩效(协作产品和贡献)进行评论①。第一方面与理解支持协作的资源与条件有关，包括学习者通过协商建立对其任务、资源、工具使用方式等达成共同理解，确定一个共同的协作基点。第二方面涉及对协作过程的不断协调，这与活动理论的劳动分工有关系。此过程需要对其他学习者的行为和成果进行持续性的了解。第三方面包括以内容为导向的一系列交互，这包括对学习者作品及贡献的批评、质疑、评价和解释等活动。

这个模型可以精化为：理解问题及情境—协商—评价。

根据我们对 CSCL 交互记录的分析，这个模型指出了几个重要阶段但很不完整。

劳特坦伯等人认为协作学习的机制，由参与者通过以下的交互沟通过程而产生②：解释、判断、协商、反思、重构。

这个观点，给出了微观层面的交互过程的一些基本环节，但也不太完整，并且有些阶段如“协商”与“反思”、“重构”，并不容易截然分开。

古纳瓦德纳的研究给出了一个五阶段模型③：

(1)信息的共享比较和理解

(2)发现和突出观点或表述的不一致

(3)协商

(4)修正与新的个人理解

(5)达成共享理解

这个研究强调了交互过程是共同知识构建的媒介和手段，触及交互的社会深层本质，提出或强调了“问题的共享理解”、“发现不一致”和“协商”等重要交互过程，但有的阶段未必能截然分开。

斯塔尔提出的协作知识建构模型，对协作知识建构过程、组成要素及其相互关系进行了系统化的描述。

---

① F. Guribye, E. F. Andreassen, B. Wasson. The organization of interaction in distributed collaborative learning[M]//B. Wasso n, S. Ludvigsen, U. Hoppe. Designing for Change. Dordrecht: Kluwer Academic Publishers, 2003: 385—394.

② Frans Ronteltap, Anneke Eurelings. Activity and Interaction of Students in an Electronic Learning Environment for Problem-Based Learning[DB/OL]. [2006-03-06]. http://www.educationarena.com/educationarena/sample/sample_pdfs8/CDIE23_1.pdf.

③ Vic Lally. Analysing Teaching and Learning Interactions in a Networked Collaborative Learning Environment: issues and work in progress[DB/OL]. [2006-05-04]. http://www.ll.unimaas.nl/euro—cscl/Papers/97.doc.

如图 3-1 中，由斯塔尔给出的这个模型将复杂的和非固定的知识建构过程具体化。图中的相关矩形代表了知识建构过程中的不同发展阶段。该模型将个体和社会融合在一起，强调个体知识通过交流、辩论、协商而得到强化，知识从这个角度上可以说是社会交互的产物，对协作知识建构研究的发展具有重要的意义。

这些研究都有一个相同的假设，即一个完整有效的共同知识建构，是通过向前发展的微交互过程完成的，这个微交互过程有一定规律可循。

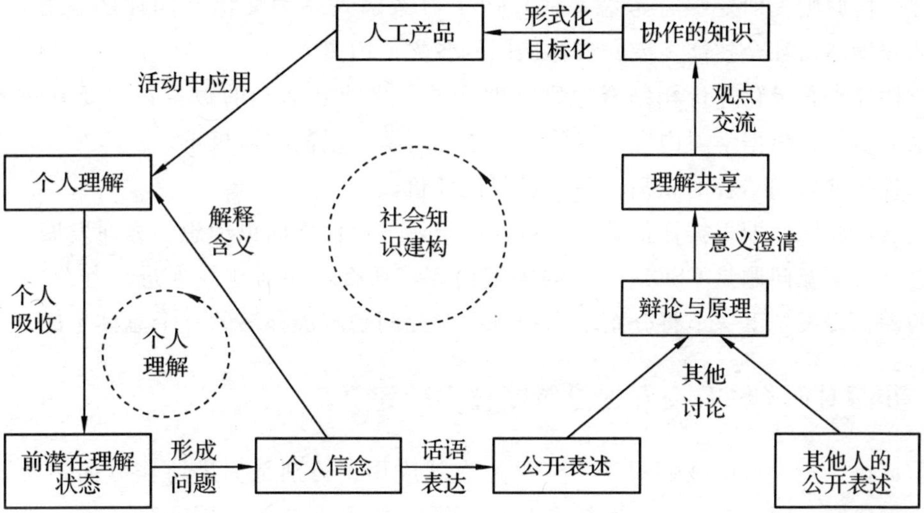

图 3-1 协作知识建构模型

关于交互过程的研究，目前虽然提出了几个交互过程的程序，但好多问题还有待深入探索，比如，在各种各样的协作学习方式中，有效交互的过程必须具备的关键环节是什么？在每个环节中，又存在哪些不同的微交互行为？这些具体微交互行为，对协作的进展起到什么样的作用？这些问题不解决，CSCL 系统就只能开发与通用信息交流工具相差无几的学习信息传播空间，而不可能有效推进学生学习交互的发展。

3.2.3 CSCL 交互行为的评价

CSCL 的评价和 CSCL 交互行为的评价是不同的，交互行为的评价不能脱离其结果——CSCL 绩效的评价，因为这是检验交互绩效的一个途径。

CSCL 的评价研究在国外比较多，研究者虽然提出了一些评价应涉及的内容和评价信息获得方面的内容，但是正如黄荣怀教授总结的："评价标准尚未出台。"另外，相关研究中对评价应考虑的因素，总是各有侧重，不太全面。更重要的是，这些研究或者关注技术带来的效应，或者只是对学习结果的评价，并没有对交互行为本身的评价与调节问题进行研究。并且，这些评价往往忽视了协作学习带来的社会性因素。

基于网络的协作学习是一种强调利用群体协同效应，使小组成员共同发展的学习，是使学习者成为共同体成员的文化重构过程。因此其交互绩效，不只是一个学科知识获得的问题，更重要的是一个在社会层面的融入问题，交互过程中的社会因素对于学术成绩及对于从新的学习与发展观看的学习结果都是非常重要的。因此本人认为，评价基于网络的协作学习交互的绩效，必须考虑其中的认知因素、元认知因素、群体认同、小组凝聚力和其他各种社会心理因素等的综合影响。必须坚持以下几个基本原则。

综合性原则：即要综合考虑 CSCL 使学习者融入一种文化共同体的各方面表现，包括认知发展、社会技能发展、群体认同等各方面因素。

质性评价与量化评价相结合原则：即既要考虑交互活动的数量，又要并重考虑交互活动的质量，根据学习内容，寻找评价指标对量和质的合适权重。

过程与结果相结合的原则：关注过程性评价。

发展性原则：即根据评价结果对行为进行调节，使之向更理想的方向发展。

总之，交互问题是 CSCL 研究的关键内容，那么，如何有效促进协作学习中交互行为的深入发展？下一节将介绍本书的研究对此问题解决办法的一个总体考虑。

3.3 非面对面 CSCL 交互促进策略体系的建立

前面讨论指出目前我们对于 CSCL 的有效应用，特别是促进协作方面，尚没有系统深入的研究，因此 CSCL 的系统和平台都还只能提供类似通用网络交流工具的交流工具。同时导致国内外现代远程教育系统平台也存在类似问题。香港公开大学张伟远博士曾经对网上教学平台和环境的国内外现状做过一个比较全面的调查，中国内地样本采自教育部批准的 68 所网络教育学院的网上教学平台及网站，对能顺利进入的 53 个平台及网站进行了分析，其他地区样本则包括高等院校广泛应用网上课程工具（WebCT）、黑板（Blackboard）、第一班（FirstClass）、学习空间（LearningSpace）、艾维尔（IVLE）、安其尔（ANGEL）、阿维拉网上导师（Avilar WebMentor）、电子大学、虚拟校园（Virtual Campus）等 15 个网上教学平台。研究指出，这些平台的教学设计工具、课程设计模板、课程网站搜索引擎、学生网页、异步交流（网上讨论区，课程内部的电子邮件）、同步交流（基于文本的实时聊天，网上视听会议）、文件共享等功能①。但在远程实时协作的促进策略研究的视野中，可以看出这些平台的相关功能如异步交流中网上讨论区、课程内部电子邮件和同步交流中的基于文本的实时聊天和视听会议等功能，只是简单移用了通用网络通信工具的功能。这就是本书的主要研究课题的提出背

① 《网上教学平台与网上学习环境：内地与境外的比较》，2005 年第一届中日教育技术论坛中张伟远发表。

景。那么如何从协作学习机制的角度，考虑促进协作中的交互效果呢？在研究探索了CSCL 交互的一般问题后，下面转入对本书最核心内容解决思路的分析。

我们的思路从分析教学传播系统的构成要素着手。

教育传播学一般从香农—韦佛的传播模式出发，得出一个如图 3-2 所示的教育传播模式，说明教育传播的要素和过程①。

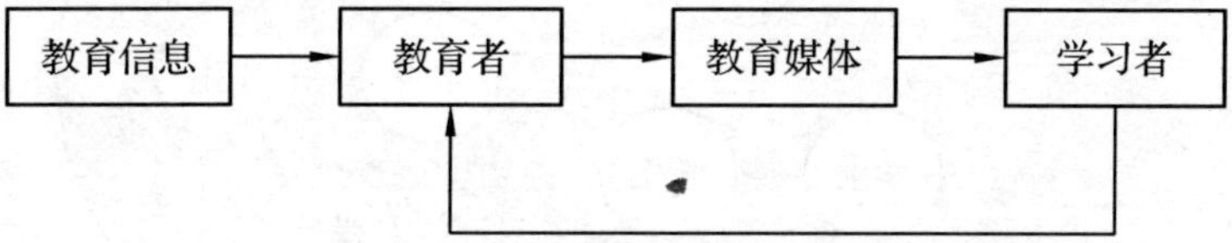

图 3-2　教育传播的一般模式

但是，非面对面 CSCL 中的关键要素虽然与上述教育传播模式所指出的一样，包括师生主体和传播内容，但各要素的组织方式却有所不同，如图 3-3 所示。

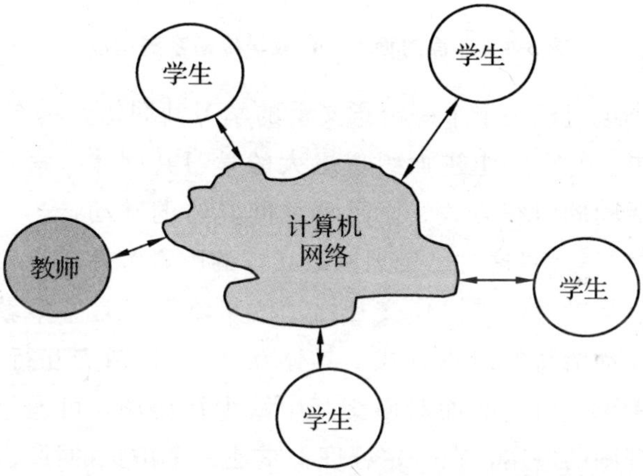

图 3-3　非面对面 CSCL 教学传播系统构成 1

图 3-3 只是一个模拟类比图，不易表达出 CSCL 互动系统的内在构成，因此我们把图 3-3 进一步转化为图 3-4。

由图 3-4 可知，非面对面 CSCL 教学传播系统由教师、学生和传播信息、网络媒体及其创造的技术和虚拟社会场环境等要素构成。但师生的角色地位和媒体，与传统教育传播系统均有很大不同。CSCL 更关注学习者相互之间的互动，以及其带来的协同效应，教师从传播信息的、有决定权的发布源角色转变为主要从事学习活动的引导和帮

① 南国农．信息化教育概论[M]．北京：高等教育出版社，2004：67.

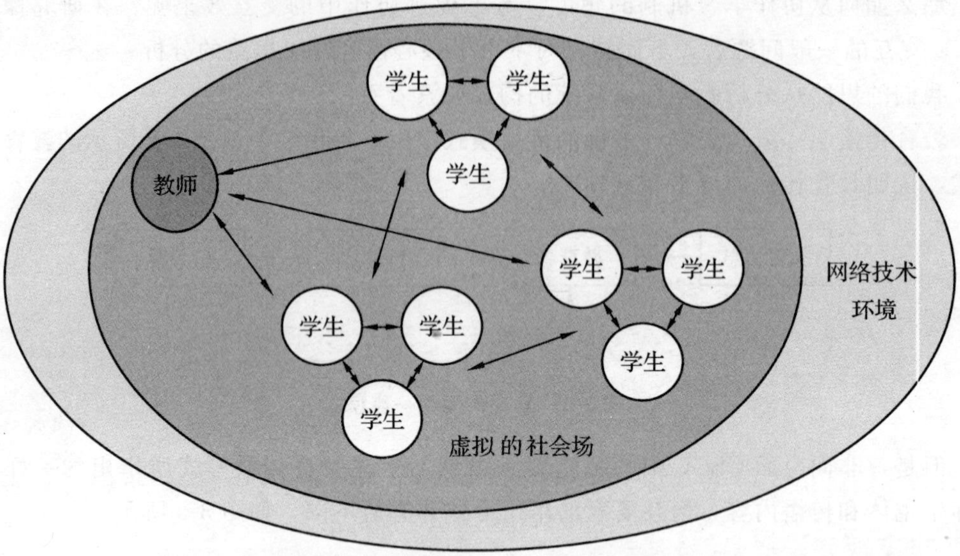

图 3-4　非面对面 CSCL 教学传播系统构成 2

助者角色。学习者小组组成一个个一定意义上的学习共同体，具有共同的目标、任务、小组知识财产和成果。每个小组进而组成更大的学习共同体。学习者之间协作互动活动主要受学习互动活动的组织方式、学习者之间具体的互动行为、学习内容以及师生的引导和社会交互技能影响(这时已经把网络媒体的因素考虑在内了)。

因此，如果焦点是考虑促进协作交互活动的策略而不是整个教育和学习活动的策略，就可以从协作互动活动的组织方式、具体互动行为(微交互行为)、教师及学习内容安排组织等方面考虑。由于非面对面交互中缺少社会场，可通过交互活动的组织和群体动力学中合作规则的应用，在一定程度上重建一个虚拟的社会场心理环境。图 3-5 表示这一思维过程。

这样就建立了由交互活动的组织策略、微交互行为应馈策略、学习内容选择组织策略和教师的学习引导、帮助和管理策略构成的非面对面 CSCL 交互行为促进策略体系。本书第 4 章至第 7 章，将分别详细介绍这四类策略的具体内容和研究过程。最后将把这些策略导入 CSCL 工具或平台中，以有效推进网络支持的学习协作进程。

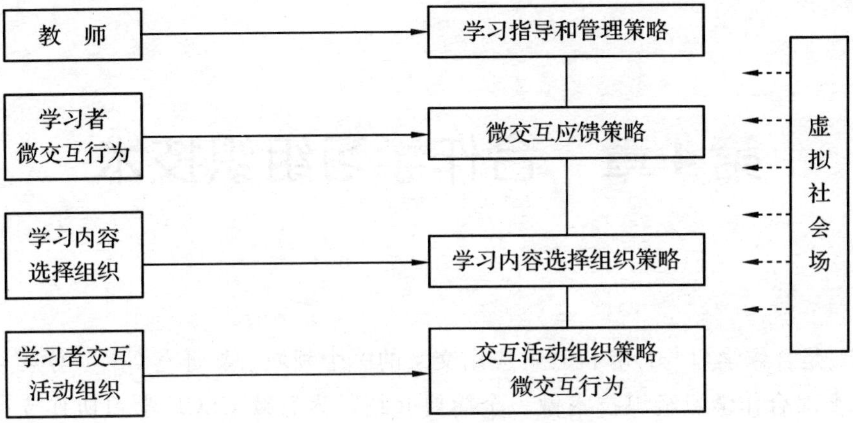

图 3-5　CSCL 交互行为促进策略系统

第 4 章　合作学习组织技术

CSCL 是合作学习与计算机教育应用交叉的一个领域。要研究 CSCL 学习协作的策略，有必要对合作学习组织技术做一个简要介绍，为后续 CSCL 学习协作支持策略的研究建立基础。

4.1　合作学习的概念、特征和要素

合作学习是一种旨在促进学生在异质小组互助合作，达成共同学习目标，并以小组的总体成绩为奖励依据的教学策略体系①。合作学习有群体动力学、建构主义等多方面的理论渊源。

合作学习的研究有比较长的历史和丰富的成果，多位著名学者对比给出过不同的界定。约翰逊和霍勒别克将合作学习定义为“一种以小组学习为形式，旨在促进学生合作从而达到最佳学习效果的教学方法”②。沙伦指出：“合作学习是组织和促进课堂教学的一系列方法的总称。学生之间在学习过程中的合作则是所有方法的基本特征。在课堂上，同伴之间的合作是通过组织学生在小组活动中实现的，小组通常由 3～5 人组成。小组充当社会组织单位，学生们在这里通过同伴之间的相互作用和交流展开学习，同样也通过个人研究进行学习。”③这些界定强调了合作学习是教学组织形式中以小组形式进行学习，通过多人之间的互动，为完成共同学习任务而努力的一种学习方法。

斯莱文认为：“合作学习是指使学生在小组中从事学习活动，并依据他们整个小组的成绩获取奖励或认可的课堂教学技术。”④强调了参与合作学习的学员成绩，要以小组整体成绩为依据。

笔者认为，上述定义比较统一，但应强调，合作学习的要旨在于发挥人际交互的

---

① 王坦．合作学习的理念与实施[M]．北京：中国人事出版社，2002：6.

② 乔治·M. 雅各布，等．合作学习的教师指南[M]．杨宁，等译．中国轻工业出版社，2005：1.

③ 王坦．合作学习的理念与实施[M]．北京：中国人事出版社，2002：5.

④ 王坦．合作学习的理念与实施[M]．北京：中国人事出版社，2002：4.

协同效应，使个人和团体的学习绩效最大化。正如研究合作学习的著名学者约翰逊兄弟所说："合作学习是在教学中应用小组，大家通过共同工作促进自己和他人学习效果的最大化。"①

关于合作学习的特征，王坦提到以下四点，是比较恰当的②。

第一，合作学习是以学习小组为基本形式的一种教学活动。教学策略从人员组织角度划分，常常分为集中授课、个别化教学和小组教学的组织形式。集中授课制有同时受益人数大、效率高的特点，然而却不能照顾到学员的个别差异。个别化教学能够因材施教，但教学效率太低。小组教学则较好地结合集中授课和个别化教学的优点。合作学习从教学组织形式上讲属于小组教学。

第二，合作学习是以教学动态因素的互动合作为动力资源的一种教学活动。合作学习的优势正是来自于小组成员之间交互的协同效应。

第三，合作学习是一种目标导向的教学活动。

第四，合作学习是以团体成绩为奖励依据的一种教学活动。

约翰逊等人认为，成功的合作学习应具备以下要素或坚持以下标准③。

第一，高水平的积极互赖。成员为自己和其他人的学习负责，关注的焦点是共同的表现。

第二，小组和个人的责任。成员相互督促，以保证自己和他人为高质量的工作负责。

第三，积极的互动。小组成员促进彼此的成功。他们真正地共同工作，并且帮助和支持他人努力学习。

第四，强调小组工作技能。需要教给成员社交的技能，并期望其使用。

第五，小组反思。对工作质量以及小组工作效能，都要进行小组反思。强调连续的进步。

4.2　合作学习的理论基础

有多种理论支持在教学中实施合作学习是有成效的。最主要的如皮亚杰和维果茨基各有特色的建构主义学习理论、社会互赖理论、分布式认知理论、情境认知理论、

① 大卫·W. 约翰逊，罗杰·T. 约翰逊．合作学习[M]. 伍新春，等译．北京：北京师范大学出版社，2004：7.

② 王坦．合作学习简论[J]. 中国教育学刊，2002(2)：32。

③ 大卫·W. 约翰逊，罗杰·T. 约翰逊．合作学习[M]. 伍新春，等译．北京：北京师范大学出版社，2004：82－83.

认知精制理论等。这些理论有些已经在第 2 章讨论过了，此处简要说明其对合作学习理论的主要支持之处。

皮亚杰等人认为，当人们在一个环境中合作时，产生的社会认知冲突会造成认知不平衡，而这种不平衡反过来又会激发人们的观点选择能力和认知发展①。而在合作学习和 CSCL 中，学生间不断进行的交流就在不断地造成认知的不平衡，平衡的发展动力则促进学生积极进行观点对比、论证、解释、修正等活动，从而支持认知的不断发展。

维果茨基认为认知发展在社会交互作用中产生。在认知发展中，每一心理功能都发生了两次，第一次在参与社会交互的人们之间，第二次在个体心理层面、个体内部。儿童最初在社会搭档的支持下完成认知任务，多次以后，这些社会交互便逐渐被内化，直到他们能独立完成任务。因此，个体心理过程起源于社会交互作用。为了说明这一过程，维果茨基提出了最近发展区的概念。最近发展区是指儿童能够独立完成的任务和在与成人或是更优秀的同伴交互作用中完成的任务之间的差距。维果茨基认为，教学的最重要特征是教学在创造最近发展区。这就产生了儿童不断发展的更大可能性。心理功能受到语言和其他文化工具的调节。文化塑造并决定人类行为，文化规范和他人影响儿童的学习机会②。

按维果茨基的说法，合作学习和 CSCL 依赖协同效应，即最近发展区效应，而相应工具调节了学习过程。协作，基本上可看作一种共同建构意义的过程。意义建构不能被视为参与者个体的心智表征，而是多人互动的结果。以多人依次发言为例，此时的发言与老师单独分别(其他学生不在，不参与)让学生发言不同，意义不是由单个学生的单个发言产生，因为它通常依赖对共享情境的引用，对之前发言的隐性继承，同时也为后续发言定下了基调③。

社会互赖理论认为，群体的本质就是导致群体成为一个动力整体的成员之间的互赖(这种互赖通常由共同目标创设)，在这个动力整体中，任何成员的变化都会引起其他成员状态的变化。成员之间紧张的内在状态能激励群体达成共同的预期目的。在合作性的情境下，群体内的个体目标表现为“促进性相互依赖”，也就是说，个体目标与他人目标紧密相关，而且一方目标的实现有助于另一方目标的实现。而在竞争性社会情境下，群体内的个体目标体现为“排斥性相互依赖”，虽然个体目标之间联系紧密，

---

① 大卫·W. 约翰逊，罗杰·T. 约翰逊．合作与技术应用[M]//J. M. 斯伯克特，M. D. 迈瑞尔，等．教育传播与技术研究手册．上海：华东师范大学出版社：2012：450.

② 罗伯特·西格勒．儿童思维发展[M]. 北京：世界图书出版公司，2006：122—123.

③ 斯塔尔，等．计算机支持的协作学习[M]//R. 基思·索耶．剑桥学习科学手册．北京：教育科学出版社，2010：416.

但一方目标的实现却阻碍另一方目标的实现，这是一种消极的相互关系。约翰逊兄弟等人对比了单独学习、合作学习和竞争性学习三种教学结构后，发现合作学习在达成教学的认知和情感目标方面均有突出的表现。他用下表总结了三种分组结构的主要特征。

表 4.1　三种分组结构的主要特征*

<table>
<tr><th>合作</th><th>竞争</th><th>单干</th></tr>
<tr><td>1. 大量的相互作用</td><td>1. 很少相互作用</td><td rowspan="10">没有相互作用</td></tr>
<tr><td>2. 有效的意见交流</td><td>2. 没有意见交流，或有欺骗性、威胁性交流</td></tr>
<tr><td>3. 得到他人帮助指导、分享他人的成绩和来自同伴的有利影响</td><td>3. 他人取得的成绩是自己的障碍，受到来自同伴的不利影响</td></tr>
<tr><td>4. 处理解决问题中的冲突</td><td>4. 处理输赢冲突</td></tr>
<tr><td>5. 高度求异思维和风险思维</td><td>5. 低水平求异思维和风险思维</td></tr>
<tr><td>6. 同伴间高度信任</td><td>6. 同伴间低信任水平</td></tr>
<tr><td>7. 几乎全体学生都积极投入学习并承担义务</td><td>7. 只有有争赢希望的少数学生积极投入并承担义务</td></tr>
<tr><td>8. 得到同伴高度承认与重视</td><td>8. 很少得到同伴的承认与支持</td></tr>
<tr><td>9. 充分利用他人的聪明才智</td><td>9. 没有利用他人的聪明才智</td></tr>
<tr><td>10. 减少对失败的恐惧</td><td>10. 增加对失败的恐惧</td></tr>
</table>

* 转引自王坦．合作学习的理念与实施[M]．北京：中国人事出版社，2002：48.

认知精制理论认为，如果要使信息保存在记忆中，并与记忆中已有信息相联系，学习者必须对材料进行某种形式的认知重组或精制。精制的最有效方式之一就是向他人解释材料。合作学习和 CSCL 均为学员提供不断进行认知精制的机会，所以对个人而言，其成效来自于学员相互间提供的不断精制的机会。有研究已经发现，在同伴互教中，教者与被教者均能从中受益。而韦伯的研究更发现，在合作活动中，受益最大的是那些给他人做详细解释工作的学生①。

4.3　合作学习的典型方法

合作学习的研究已经有了丰富的成果，形成了诸如“学习小组成绩分工法”、“小组

① 王坦．合作学习的理论基础简析[J]．课程·教材·教法，2005(1)：33。

游戏竞赛法”、“结构法”、“共学式”、“旋转木马”、“滚雪球”、“角色扮演”、“建设性论争”等很有特色的具体实施方法，下面择要简明介绍。

4.3.1 切块拼接法

切块拼接法主要通过学伴间的互教进行学习。主要步骤如下。

1. 学习内容的切分。在学习开始之前，教师按小组成员的数量，把学习材料切分为几个水平相当的部分。

2. 小组阅读学习。在小组内部，成员阅读材料各不相同。

3. 专家组讨论。把不同小组中阅读相同材料的学生组织在一起，形成专家组，讨论同一问题。

4. 学习内容拼接——小组内部的互教。专家组解散，成员返回原小组，互教他们专门研究的内容。通过互教，每位学员获得整体的学习内容。

5. 测验与评价，小组得到认可。

4.3.2 切块拼接法变式

“个别阅读—小组协商—讲解互教”式切块拼接法是对“切块拼接法”的发展，组织过程如下。

1. 内容切分：教师把课程内容切分为水平相当的几部分，把每部分的内容打印为独立学习材料。

2. 个别阅读：每组分发不同的学习材料，组内材料相同，先由组内成员独自阅读材料，对认为重要的内容做标示。

3. 组内协商：组内成员讨论本组材料，经过协商形成小组结论，准备一份向全班做讲解的材料。

4. 讲解互教：每组成五小组专门任务方面的专家组，由专家组负责向全班其他小组讲解教授所研究的内容(由于各组研究的内容各不相同，这是一个互教的过程)。

5. 教师引导总结和进行测试，小组得到认可。

4.3.3 学习小组成绩分工法

该方法的基本思想是成功机会均等。每个成员无论以前成绩如何，都有机会为小组成绩做出同等贡献。它把学员在共同学习中的进步程度转化为其对小组的贡献。实施步骤如下。

1. 教师向学生提出一个学习课题。

2. 学生对该课题进行深入的小组学习，准备进行一个小测验。

3. 学生独立完成小测验。

4. 小组得到认可：教师或学生给测验打出分数，合计小组得分，奖励表现好的小组。

该方法的关键是如何把个人进步程度转化为其对小组的贡献。做法是学生的个人成绩均与其以前的个人平均成绩进行比较。下面给出一个计分方法的例子。

得满分(100)，则该生给小组得 30 分；

比个人以前平均成绩高出 10 分以上，也给小组得 30 分；

比个人以前平均成绩高出 10 分以内，则给小组得 20 分；

比个人以前平均成绩低出 10 分以内，则给小组得 10 分；

比个人以前平均成绩低出 10 分以上，则给小组得 0 分。

最后，把小组成员的个人成绩相加，取平均值。以赞扬、公布成绩或其他庆贺方式对小组进行鼓励。

4.3.4　旋转木马法

本方法在重视小组内成员交互的基础上，强调各组之间的相互借鉴学习。步骤如下。

1. 小组(如 A、B、C 组)被安排在不同角落或桌旁(如 1、2、3 号桌)，分头形成阶段作品或解决方案。

2. 小组整体移动到邻组位(如 A 组到 2 号桌、B 组到 3 号桌、C 组到 1 号桌)，观察、吸取经验并写下评价。

3. 继续移动，直到重回自己的位置。

4. 在亲自观察他组成果并阅读他组留下的评价的基础上，修改本组成果。

5. 如有需要，2～4 步可重复一次。

6. 小组得到认可。

4.3.5　旋转木马法变式

此方法是把旋转木马法中的组员整体移动改为移动小组成果。实施步骤如下。

1. 各组(如 A、B、C 组)被安排在不同角落或桌旁(如 1、2、3 号桌)，分头形成阶段作品或解决方案。

2. 将小组的阶段成果传到邻组位(如 A 组成果到 2 号桌、B 组成果到 3 号桌、C 组成果到 1 号桌)，观察、吸取经验并写下评价。

3. 继续传递各组成果，直至成果重回自己位。

4. 在亲自观察他组成果并阅读他组留下评价的基础上，修改本组成果。

5. 如有需要，2～4 步可重复一次。

6. 小组得到认可。

4.3.6 建设性论争法

建设性论争发生在小组成员间，当组员在信息、观念、想法、推理过程、理论和结果上不统一时，可通过论争达成一致①。

将学生分成四人一组，每组分成两对，指定其中一对做正方，另一对做反方，执行以下程序。

1. 为自己的观点找最好的案例或论据。
2. 向对方有说服力地陈述最佳案例。
3. 双方进行公开讨论，极力辩护己方观点并评判分析反方观点。
4. 双方互换立场进行辩论。
5. 小组成员均放弃立场，就问题的最佳判断达成共识。

4.3.7 圆桌讨论

1. 小组成员围坐在桌子周围，就某一任务或问题进行讨论。
2. 成员按顺时针或逆时针次序依次提出自己的观点或方案。
3. 每位成员发言后，其他成员按一定次序或自由对该观点或方案进行讨论。
4. 下一位成员按顺序继续发言，之后其他成员讨论。
5. 总结，小组得到认可。

4.3.8 共学式

此方法又称约翰逊法，由教学目标具体化、确定小组规模、将学生分到小组、安排教室、设计教学材料以提高学生的互赖性、分配角色以确保互赖、解释学术任务、建立积极的目标互赖、建立个人责任、建立组间合作、确定成功的标准、把预期要达到的目标具体化、监控学生行为、提供帮助、介入并教授合作技能、结课、评价学生学习的质量、评价小组状况和组织学术争论等多个环节组成，涉及从学前准备一直到学习结束后活动的学习全程。

4.3.9 小组游戏竞赛法

此法中学生被分成若干小组，先由教师进行讲授，再进行小组互帮互助的学习活动，然后进行小组竞赛。在竞赛中，学生都作为不同小组的代表。小组中成员按以往成绩同与自己相当的其他小组的成员制作“比赛表”，以往成绩最好的在比赛表 1，较好的在比赛表 2，等等。学生努力为自己的小组争取好成绩。经过竞争，每一比赛表中的

---

① 大卫·W. 约翰逊，罗格·T. 约翰逊. 合作与技术应用[M]//J. M. 斯伯克特，M. D. 迈瑞尔，等. 教育传播与技术研究手册. 上海：华东师范大学出版社，2012：450

优胜者进入下一次的最高成绩表，而获得中间成绩的继续留在原来的表内，成绩较低的组成第三个表。最后小组得到认可。

4.3.10　小组调查法

这是一种使用较宽泛的方法，其实施从选题开始。由教师向全班提出一个宽泛的总论题，激励学生进行探究，并让学生列举出自己要调查的问题，教师进行适当调整进行归类后，让每个学生选择其中一个子论题。然后，让选择同一子论题的学生组成一个小组，通过讨论确定调查活动的过程、需要的资源及任务分工等。接下来实施调查，最后进行小组总结报告并开展评价。

4.3.11　结构法

结构法是许多可以方便地嵌入传统课堂的微型合作学习方法的总称，可以在不改变教师课堂结构或做细微改变的情况下插入课堂中。部分方法见下表。

表 4.2　合作学习结构法*

结构	简述	学术和社会功能
轮流循环制	小组构建。每位学生轮流与其小组成员共同承担某事。	表达观念和观点。故事编写，平等参与。熟悉小组成员。
三步采访	学生配对采访。先采访别人，再接受别人的采访。学生共享采访所获得的小组信息。	与他人共享假设、对一首诗的理解、一个单元的结论等个人信息。参与、倾听。
角落	班级构建。每个学生都移动到一个角落，角落代表教师事先确定的一种选择，学生们在角落展开讨论，并倾听和讨论来自其他角落和学生的观点。	认识不同的假设、价值观和问题解决方法，了解和尊重不同的观点，会见同学。
说做一致	交流建构。学生只根据其他学生的口头说明，在格栅上配置物体。	拓展词汇，交流技能，承担角色能力。
大家动脑	掌握实验与复习。教师提出问题，并确保每一个学生都知道问题的答案，然后，一名学生被随机指名回答问题。	复习。检查理解情况。知识。理解。同伴辅导。
内圈—外圈	学生配对站在两个同心圆上，内圈的学生朝外，外圈的学生朝内，内圈与外圈学生轮转，每当面对一个新同学时，回答抽认卡或教师提出的问题。	检查理解情况，复习。自评。帮助。同伴辅导。共享。会见同学。

续表

结构	简述	学术和社会功能
配对检索	学生们在四人小组中配对学习。在每对学生中，一名负责解决问题，另一名担任教练，每做两个问题后，两人做一次检查，看一看是否他们的答案与另外两个人的一致。	练习技能，帮助、表扬。
独思—同议—共享	概念形成。学生先就教师提出的问题进行独立思考，然后与另一位同学配对进行讨论，最后再将他们的思考与大家分享。	概括和修正假设，归纳推理，演绎推理，应用。参与，专心。
小组单词网	学生们同时在一张图表上将主要概念支持要素勾画出来，并标明某个概念中的不同观念之间的关系。	将概念进行成分分析，理解观念之间的多重关系，细化概念，角色承担。
圆桌	信息交换。组内每个学生轮流用纸笔写下一个答案，同时开展圆桌活动，可一次使用多张纸写答案。	评估先前所学知识。练习技能，回忆信息，创造合作艺术，小组构建，全员参与。
板报共享	信息交换，来自各组的一名学生到黑板前写下一种观点，解答一个问题，或与大家共享其他信息，通常要事先在黑板留下一定空间，以便每个小组记录下他们的答案。	分享信息，对照不同观点或解决问题策略。班级构建。达到传统班级参与度的8度。

* 此表转引自王坦．合作学习的理念与实施[M]．北京：中国人事出版社，2002：158－159。

4.4 CSCL的问题

合作学习强调学员间面对面的促进性交互，合作学习的各种方法均通过有效促进学员间的积极交互，发挥协同效应。而在CSCL中，有的情境缺乏面对面的机会，特别是在远程CSCL中，由于缺乏面对面的交互，人际相互影响力将大大降低。如何弥补这一缺失呢？

现有很多研究通过开发支持人际沟通的平台弥补这一缺失，然而大多数平台除去学习分组、评价等功能外，与通用交流工具差别不大。我们注意到，让学生在这样的平台中学习，学生常常无所适从，出现很多问题。也就是说，在 CSCL 中，“协在何处”的问题需要深入研究。合作学习的一些方法能不能通过改造适用于 CSCL，或者开发 CSCL 的专门策略与方法，并进一步使这些策略与方法体现为 CSCL 系统的功能？这正是本书后续章节要深入讨论的课题。

第5章 非面对面 CSCL 交互活动组织策略

2005年8月底至今，本人在两所大学一年级到三年级的"教育技术学导论"、"网络教育应用"、"网络教育应用双语课"、"图像素材处理"和"E-Learning Skills And Strategies for English"等课程中，组织了 CSCL 教学实验，通过各种方式探索研究不同的非面对面交互组织策略。经过不断的"策略施用—搜取反馈—修改完善—再试用"的过程，逐渐形成几种有效的非面对面 CSCL 交互活动的组织策略。本章先从介绍我们对基于自由交流的合作学习的调查反馈开始，逐一介绍"虚拟圆桌"、"虚拟长桌"、"分步讨论"和"角色扮演"非面对面 CSCL 交互活动组织策略的研究实施过程和具体策略。当然，由于目前网络带宽和学生上网条件的限制，本研究主要采用的非面对面实时研究工具和结论，都建立在基于言语符号的交流之上。

图 5-1、图 5-2 和图 5-3 是进行 CSCL 课程实验的部分课程。

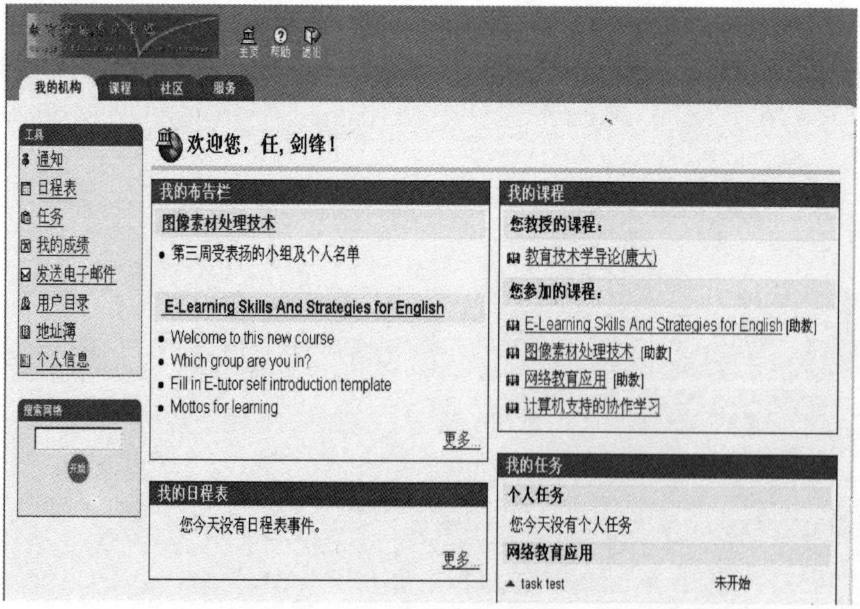

图 5-1 进行 CSCL 交互行为促进策略研究的部分课程 1

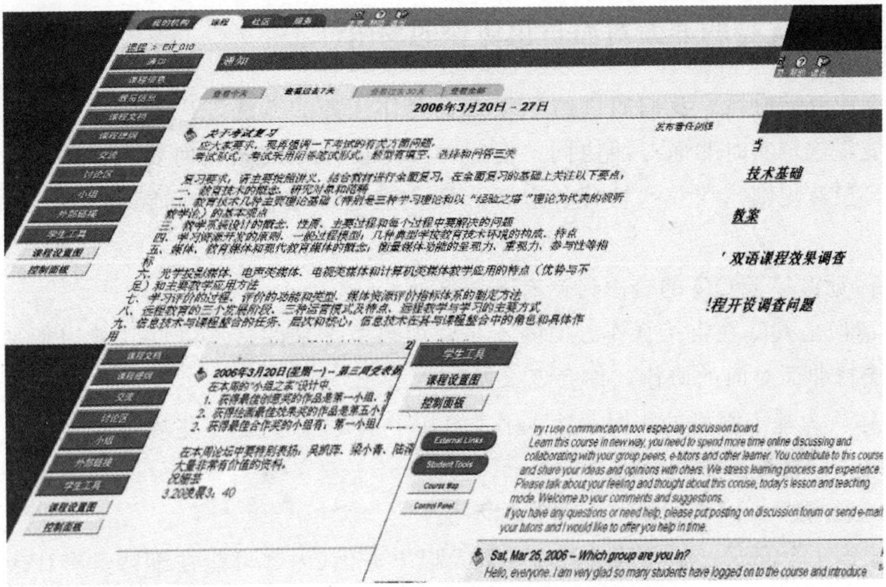

图 5-2　进行 CSCL 交互行为促进策略研究的部分课程 2

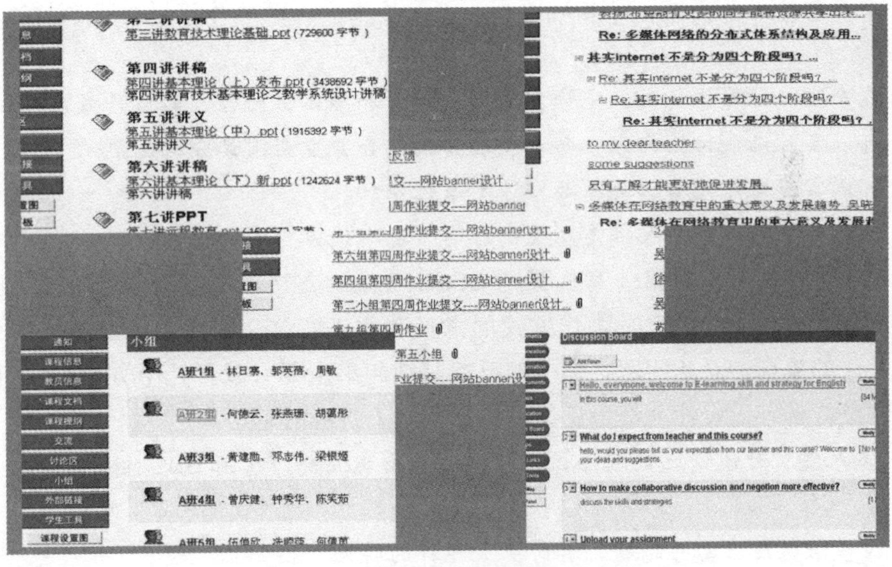

图 5-3　进行 CSCL 交互行为促进策略研究的部分课程 3

5.1 计算机支持的非面对面自由协作的局限

在课程开始阶段，我们通过给学生布置合作任务的方法，让他们通过 QQ 的多人聊天功能，进行实时非面对面协同。但这时不对协作方式做任何要求，即协作方式是自由的，没有规则。在几次协作体验后，我们通过 4 道开放式问题调查学生的意见。问题是：

1. 你觉得基于 QQ 的自由讨论有哪些好处？

2. 请说出 QQ 在支持合作方面的不足。如果由你来改造 QQ 的功能以便使它能更有效地支持非面对面的协作，你会怎么做？

3. 你认为基于网络的实时小组协作（如基于 QQ）需要定一些规则吗？如果由你来制定规则，你会给出哪些规则？

4. 在协作中，同伴的哪些行为让你不快？

对于第 1 个问题，学生的回答主要涉及以下方面（内容可能在维持具有代表性的学生反馈的原话基础上进行总结）：

1. 可以实现远程交流，不受地域限制，突破时空局限性。

2. 个人的知识面不同，能起到增长见识、扩展知识面的作用，提高了讨论的深度和广度。

3. 能产生一种群体气氛，充分发挥群体动力和集体协同合作的协作效应。

4. 可以实时记录讨论内容，易于整理归纳综合并重新阅读分析。

5. 可以实现文件传输、资源共享。参与性强。

6. 不存在怯场，每个人都是在最平静的心境下说出自己的意见。

这些回答基本上是对第 3 章提到的 CSCL 功效的支持。本次调查的重点，是了解学生对无规则的非面对面实时协作方式的意见和改进建议。因此学生对第 2 题的反馈是本人关注的重点。对此问题，学生的反馈归纳起来主要有以下几个方面（以下内容是尽可能在维持具有代表性的学生反馈的原话基础上进行的总结）：

1. 多人发言时谈话比较零碎，难归纳，易出现混乱，想用 BBS 弥补又费时，无法同步。

2. 人多话题杂，容易跑题，有时变成纯粹的聊天。

3. 当多人同时发信息时，电脑刷屏太快，容易掩盖某些人的重要信息，挫伤积极性。

4. 当多个成员在网络上参与同一讨论时，某些组员不发言或者发言不积极。有些人发言太积极，占据了大量时间和屏幕。

5. 不容易组织有效的讨论，对组长要求高。

6. 打字太麻烦，有时候体会不到对方真正的意图、语气，容易引起误解。

7. 大家有空的时间不一定相同。

8. 容易跑题。相对于面对面的讨论而言，组员之间的反馈可能比较慢。

以上意见中的 6～8 条是与面对面协作的对比。但我们在此处关注基于语言行为的非面对面实时交流，因此这三条意见就不在讨论之列了。对此问题反馈的前五条意见则很突出地反映了自由式协作的种种问题。如我们在第 1 章所说的，如果没有一定的协作机制，学生往往难以自由组织起有效的协作学习活动。自由式的交流往往会出现混乱，并出现有的学生占据了核心话语权(发言不一定是深刻或有见地的)，而有的学生没机会发言的现象，形成不均衡，因而也不能真正达到群体思想互相激励的效果。此外，多人无规则的发言常常导致发言冲突，屏幕因此迅速刷新，众多发言会一闪而过，使学生来不及仔细阅读和思考，常常不得要领。

第 2 题的第 2 问和第 3 题、第 4 题，意在让学生自由联想，提出有创意的关于组织有效非面对面交流的意见。对于是否需要规则，同学们通过对自由协作的切身体会，一致同意非常需要协作的规则，或者建立某种协作机制。通过对这些问题的回答的归纳，可以得到以下一些主要的意见(以下每条建议的“;”前面是反对的行为，后面是对规则的建议，尽可能在维持具有代表性的学生反馈的原话基础上进行总结)：

1. 不守时参与；小组的核心工作是协作，规则的制定应能有效地促进团队协作，应该要求组员守时，不浪费别人的时间。

2. 组长主持不力；组长要明确讨论流程，分配好个人任务，组长或者轮流组长要主持好讨论进程，避免跑题，从而提高讨论效率，建立主持人轮流制。

3. 直接批评他人意见，总认为自己的意见是最好的，不善于听取别人意见；要言谈有礼，尽量站在说话人的角度考虑问题，对说话人提出的意见不要一味否定，尽量做建议性的批评，可以轮流发言，使大家机会均等并有多方面意见出现，从而提高讨论效率。

4. 什么意见都不提，不理会别人或做出敷衍性的发言；要认真发言，有自己的观点，讨论时积极参与，每一个参与者在每一个话题中至少提出三条意见，被其他组员公认讨论不积极者，要受到大家的批评。

5. 废话太多，老跑题；发言要有条理、精练，要围绕主题，禁止讨论与论题无关的事情，避免跑题。

可以说，这些意见和建议都是通过切身体会提出的，有创见并切中要害。它涉及小组协作中的共同任务、组员责任、积极参与、有效的互动发言等方面和协作程序，但尚不能形成可操作的交互活动组织策略。无论如何，这是我们建立协作规则的基础。

5.2 虚拟圆桌式交互活动组织策略

上一节的调查结果和讨论说明，自由式合作并不能有效达成协同目的。因此，需要建立适当的组织策略，促进基于网络的协作学习交互过程。我们亦搜集了学生在实际应用中依据经验得出的许多有价值的建议。

本节中，我们在研究借鉴非计算机支持的面对面合作学习研究结果的基础上，结合学生的建议，通过不断的实验修改完善，形成了一个虚拟圆桌式 CSCL 交互活动促进策略。

5.2.1 最初的虚拟圆桌式 CSCL 交互活动组织策略规则

最初我们主要想通过规则达到建立个人责任、平等参与机会、观点互动等目的，提出了以下协作活动组织策略与规则。

想象大家围绕在圆桌周围进行交流。

1. 组员先编号，固定小组成员为 1、2、3、4 号

2. 从 1 号起顺序轮流发表观点或展示自己的作品，征求大家的意见。不许乱序发言。

3. 每个人的发言或展示结束后，下一位先不要展示自己的成果，而是依次对上一人的发言或展示进行评论，每个人都评论后，下一位再提出自己的观点或展示自己的作品。如此继续下去，直到每个人都评论过其他人的成果并提出了自己的观点(或展示了自己的作品)。

4. 第 3 步完成后，每个人根据大家的评论，修改完善自己的观点或作品，再按第 3 步的方法重新发言(展示)和评论。

5. 要求每人的发言和展示内容不超过 200 字，或时间不超过 3 分钟；每人的评论要概括成条，不能超过 3 条，字数不超过 200 字。

6. 每人的评论都要说明他和上一人评论的联系(有什么相同或不同的地方，受到什么启发等)。

下面解释一下此策略中每条规则的意义。第 1 条、第 2 条意在消除学生反馈中提到的“多人发言时谈话比较零碎，难归纳，易出现混乱”、“人多话题杂，容易跑题，有时变成纯粹的聊天”、“某些组员不发言或者发言不积极，有些人发言太积极，占据了大量时间和屏幕”等问题，实现组员在小组协作中的均衡参与和有序发言。第 3 条和第 4 条规则是为了真正发挥群体交互的协同效应，尽可能通过使每个学生都和其他学生有充分的交流，集思广益，开阔思路，达到互相启发、产生思想火花的效果。第 5 条是

从社会心理学的“合作原则”角度出发，力求最大化交互行为的合作性和有效性。第 6 条规则力图使整个发言之间产生互相联系和启发的效果，并且使每个人的观点都能得到大家的引用，增强自我效能感；同时，也能避免自由讨论中一时之间产生多个话题，从而使组员不知从何处着手的弊端。

2006 年 2 月下旬至 4 月中旬，我们在一所大学教育技术专业的二年级专业课程《图像素材处理技术》中进行了课程应用实验，以修改和完善此策略。研究过程是“理论假设—课程应用—使用反馈—修改一再使用”的循环。其中，我们采用调查等方法搜取反馈意见。

此策略和规则实际使用多次以后，学生反映效果比自由式合作有了明显提高，下面是该策略与规则在《Photoshop 图像素材处理》课上应用情况的例子：学生与我合作完成老师布置的合作任务(应用抠像技术合成一幅照片，如图 5-4 所示)。

图 5-4　学生运用虚拟圆桌式 CSCL 交互组织策略协作完成的作业

同时，我们做了一些针对此初步策略规则的应用情况调查，陆续获得了一些反馈意见。

就其优点而言，正如上面所阐述的，这种规则避免了自由合作中的诸多问题，见以下学生反馈意见(尽可能在维持具有代表性的学生反馈的原话基础上进行总结)：

1. 让发言更加有规律，避免了跑题和人多口杂的问题，可以很方便地整理所有人的意见，不会出现混乱情况。

2. 能够最大限度地调动各方面的积极意见，及时参考组员的意见、创意等，不同人的意见都可以得到及时解决。

3. 每人能按照一定顺序发言，且评论都要说明他和上一人评论的联系(有什么相同或不同的地方，受到什么启发等)。能及时有反馈意见，比较贴近实际需要，效率比较高。

4. 每个组员均有平等发言的机会，较大程度减少了组员纯粹作为“旁观者”的概率，促使组员积极地成为活动的“参与者”，每人都有机会发言；因为不会被别人打断，所以思路清晰；自己的观点可以得到别人的建议，能更加了解自己的观点是怎样的。

5. 避免了以往分完工大家就不再碰头的情况。

6. 利于培养合作能力。

可以看出，学生的反馈和我们的预期是比较接近的，这种策略和规则的作用非常明显，确实在集思广益、均衡发言、使人人都充分参与和防止混乱等方面都有很实在的效果。然而，学生也提出了此初步规则的一些问题，归纳起来主要有以下几点(尽可能在维持具有代表性的学生反馈的原话基础上进行总结)：

1. 每个人都要听取其他所有人的评论，比较耗费时间，有时需要漫长的等待(等待别人发言)，浪费时间，影响思维。

2. 有的同学常常不记得自己的编号，要互相提醒；而且思考的时间较长，在网上讨论感觉很浪费时间，如果大家都是在同一宿舍，还是比较习惯以前的方法。

3. 要按顺序发言很不方便，没有现场讨论的激烈气氛，感觉意见难以统一。

4. 每个人的发言或展示结束后，下一位同学先不发表自己新的见解，而是对上一位同学的发言进行评论，一步一步完成创意的确定工作。但实际讨论起来受到很大限制，有点乱了，难以按照规则进行。

5. 操作性质的东西如果没有实际演示，较难理解。

6. 需要四个人同时在线，降低效率。

7. 不能自由讨论，有时自己有灵感，但是不能及时提出，过一会儿可能就忘了，或者听了前面同学的发言，自己的思维会受到影响。

这些意见有一些是很有道理的，比如耗费时间的问题，还有编号难记的问题。以 4 人组为例，假设每人的发言和评论各占 5 分钟(这里考虑了文本输入的时间)，不包括可能的发言者和评论者的对答协商，全部完成需要大概 80 分钟。但是，考虑到我们是对非面对面的协作进行讨论，在及时性和效率上不能和面对面的情况进行比较，这样做虽然交流时间多了一些，却赢得了多方面观点的充分交汇和创见的产生，因此本人认为是利远大于弊的。至于序号难记的问题，假如我们通过这样的虚拟实验得到可行的策略，然后开发相应的工具让系统记序号(如果乱序，系统将给予提醒)，问题就会得到解决。

学生有时会将非面对面 CSCL 交互活动与面对面的情况比较，得出此规则的不足，如上述不足的第 2 条和第 3 条后面的部分。这不是我们关注的焦点，因为在远程的情况下，面对面交流本来就是不可能的。

第 6 条意见反对同时在线，然而如果用异步方式交流，完成一个共同作业恐怕要耗费更长时间。

第 5 条意见很有道理，操作性课程确实需要演示。但操作技巧和创意，在作品中是非常重要的因素，在个人情况下就不会得到这样的群体效应。

不过，最后一条意见提到的情况也确实值得思考，我们在本策略修改版中力图解决这个问题。

5.2.2　虚拟圆桌式 CSCL 交互活动组织策略规则的完善

经过考虑各种意见，我们对初版策略和规则进行了修改，得到以下内容。

虚拟圆桌合作组织方式(修改版)及规则

想象大家围绕在圆桌周围进行交流。

1. 组员先编号，固定小组成员为 1、2、3、4 号。

2. 从 1 号起按顺序轮流发表观点或展示自己的作品，征求大家的意见。不许乱序发言。

3. 每个人的发言或展示结束后，下一位先不要展示自己的成果，而是由其他组员以自由发言的方式(即意见先成熟者先发言)对发言人进行评论并提出修改意见。每人都要有评论，如确实无意见要明确说出没有意见。每个人的评论都要说明和上一人评论的联系(有什么相同或不同的地方，受到什么启发等)。

4. 为了解决第 3 条中多人同时评论时发生冲突的问题，规定在 QQ 中若同时出现评论，则发言先出现在 QQ 上的评论者获得发言机会，其他组员自动撤回评论变成倾听者。

5. 被评论人原则上要虚心听取他人意见，等其他人都评论完再反馈，如确实需要对当前评论者进行及时反馈，经过组长同意，两人可以进行不超过三回合的对话，其他组员继续倾听。当前评论者结束评论(以“OK”为标志)后，下个评论者按以下优先次序产生：(1)由组长指定；(2)由未评论过的组员按第 4 条的规则决定。

6. 评论时，一条 QQ 消息的长度，要求不超过 200 字，对一人进行评论时，每个评论者持续发言的时间不超过 5 分钟。如超时，组长发出通知停止其评论权。

7. 对被评论人的评论都完成后，由被评论人给出简短反馈，然后按顺序由下一位发表观点或展示作品，依次类推。

本次修改主要根据学生反馈的“严格限制顺序有时会影响创意”的意见，修改了第 2 条、第 3 条和第 4 条，把评论中的按顺序发言改为谁先思考成熟谁先发言。另外，加入了发言冲突的解决办法。然后把此版规则继续应用到课程中，寻求使用反馈。

此后很长时间，学生对规则没有太大的意见，认为基本是比较有效合理的。只是有少数学生反馈："评论时，每一条QQ消息的长度，要求不超过200字，对一人进行评论时，每个评论者持续发言时间不超过5分钟，如超时，组长发出通知停止其评论权。对这一点，可以不硬性规定，自由发挥更好，要不然等打字打完自己的创意，时间都过去了，而且说话的时候也不一定能在规定时间里表达完自己的意思，就算表达完了也不一定大家都明白了，或多或少都存在理解的偏差。"这个意见有一定道理。另有几个学生反馈说："传播学研究和实验证明，面对面的交互最有效，希望我们的作业尽可能用面对面方式。"对这种关于面对面交互优势的绝对判断，我们只能无奈地笑笑。我们是以只能非面对面进行交互为前提，而不是与面对面交互进行对比。

当然，修改后的策略和相应规则仍然有不足之处，如学生记号的负担，这是如此组织的虚拟研究肯定会遇到的情况。我们实际上正是发现了现有工具和平台的不足，才提出本研究课题，因此利用现有工具必然会出现这样的问题。但通过上述虚拟办法，我们把工具原应具备的功能，转化为学生的元认知控制问题，这样就加重了学习和认识负担。然而由此验证了策略的有效性，把相应功能导入按策略和规则开发的新的CSCL工具或平台中后，这样的问题就自然能够消解了。当然，在平台中需要的交互支持策略，不只是组织方式的中观层面，还有微交互的具体策略，此内容则是下章讨论的问题。

5.3 分步讨论型CSCL交互活动组织策略

5.3.1 分步讨论型CSCL交互活动组织策略的提出

第2章我们提到，关于讨论的过程，目前有一些研究指出了其过程的几个有效环节。如亨利根据布雷茨的观点，把交互过程定义为三个阶段：信息传播——对信息的第一次反馈——对反馈的反馈。古里拜等人从宏观可观察的角度，把构成协作的交互过程分为三步：理解协作条件——努力协调协作和注重绩效(协作产品和贡献)——进行评论①。劳特坦伯等人认为有效的协作学习过程由参与者通过解释、判断、协商、反思、重构几个阶段的交互沟通过程构成②。古纳瓦德纳的研究则给出了一个五阶段模

① F. Guribye, E. F. Andreassen, B. Wasson. The organization of interaction in distributed collaborative learning[M]//B. Wasson, S. Ludvigsen, U. Hoppe. Designing for Change. Dordrecht: Kluwer Academic Publishers, 2003: 385－394.

② Frans Ronteltap, Anneke Eurelings. Activity and Interaction of Students in an Electronic Learning Environment for Problem-Based Learning[DB/OL]. [2006-03-05]. http://www.educationarena.com/educationarena/sample/sample_pdfs8/CDIE23_1.pdf.

型①：信息的共享比较和理解—发现和突出观点或表述的不一致—协商—修正与提出新的个人理解—达成共享理解 。

亨利的界定是一个表层表述，只是描述了协作中信息的流向。古里拜的界定深入到协作交互的深层，但比较粗糙，没有把握协作过程内精细的有效环节。劳特坦伯和古纳瓦德纳的界定抓住了协作交互过程中非常重要的几个环节，但也有一些缺陷，即各自均忽视了某重要环节，而其他环节在某种程度上可以合并为一个环节。比如，前者缺少我们认为非常重要的对问题达成共同认知，以统一协作起点的阶段(这不等同于后者的“信息的共享比较和理解”这一步)；两者都缺少质询的有效手段，事实上质询是引导对方阐明和发表自己观点非常有效的手段。一方质询时，另一方通过解释阐明观点，同时对知识进行精细化加工，如果观点有问题，在解释过程中也容易发现问题，有意见的质询常常是诱导出创见和发展某一观点的源泉。另外，协商、反思及重构未必能够划分为不同的阶段，特别是在实时交流的情况下，协商的过程本身就是一个反思与修正的过程。

因此，总结现有研究对协作过程的划分，并结合本人对基于 QQ 和 BBS 等协作交流过程的观察反思，本人提出了基于讨论的 CSCL 交互活动组织策略，它建立在对 CSCL 交互活动过程阶段的划分上，并主要适用于讨论式的协作交流活动。这个分步讨论型组织程序由图 5-5 所示的几个讨论环节构成。

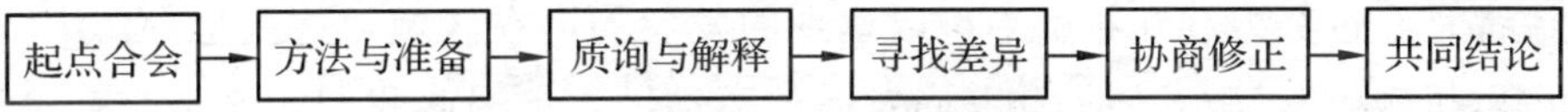

图 5-5　起初的分步讨论型组织程序

下面是对每个环节意义的解释。

第一步，起点合会。先就问题的意思进行交流，使小组成员对讨论起点和问题有一致的认识。我们常常发现，日常讨论无法达成一致的情况，很多是讨论双方对所讨论的问题本身的意思有不同认识所致。所以，统一对问题意义的认识非常重要。

第二步，方法与准备。对解决问题的方法、途径进行交流，如对讨论需要的搜集资料的分工和方法进行协商，然后成员先各自准备和搜集，总结自己的成果。

第三步，质询与解释。小组成员表达自己的观点，可以是解决某问题的方法，也可以是对某问题的初步解答。然后，互相质询和解释，即一人表达观点后，其他小组成员就此提出问题，询问这样表达的原因、证据等，而观点表达者则要回答他人的提

① Vic Lally. Analysing Teaching and Learning Interactions in a Networked Collaborative Learning Environment：issues and work in progress[DB/OL]. [2006-03-05]. http：//www. ll. unimaas. nl/euro-cscl/Papers/97. doc.

问，详细解释自己的方法、想法和结论。

第四步，寻找差异。各人把别人的和自己的观点及解决问题的思路进行对比，找出不同，分析不同的原因，理解他人为什么那样解答、思维方式独特的地方在哪里、优点是什么、观点本身的道理何在。

第五步，协商修正。讨论各方通过虚心观察发现别人的长处和自己的不足，互相启发，对小组任务的解答方法进行协商，修正自己的观点，使各方的理解不断趋于一致。

第六步，共同结论。通过以上各步，协作小组更容易形成汇集小组共同智慧的统一结论。

以上各环节中，质询解释、寻找差异和协商修正是发挥小组协作之协同效应的最关键因素。质询是引导小组成员重新组织自己观点、阐明和发表自己观点的非常有效的手段。一方质询所引出的另一方对观点的重新组织，使观点表达者能对知识进行进一步加工，也给他发现自己错误的机会，有意义的质询常常是诱导出创见和发展某一观点的源泉。而此后，协作者会发现各方在观点、知识和思维方式等方面的差异。差异的存在是非常重要的，社会文化理论和认知冲突理论认为，这是人类社会性学习的重要动因。社会文化理论认为，成人和同伴已经达到自己有潜力达到而尚未达到的水平，与学习者现有水平的差距，构成学习者的最近发展区。学习者协作中发现的差异，一般来说都是经过努力和互相引导可以达到的发展的潜在区域，这就是协作中"集思广益"以致"思想碰撞"，激发创见和共同发展的驱动因素。因此我们在这个交互过程组织程序中专门突出了"寻找差异"这一步骤。

这样就从理论上推演出了一个非面对面 CSCL 交互组织程序。然而这个组织程序是否真正有效呢？

5.3.2 分步讨论型 CSCL 交互活动组织程序有效性的验证

为了验证分步讨论型 CSCL 交互活动组织程度的有效性。我们在 2005 年 8 月底至 10 月中旬，选择一所大学二级学院教育技术学专业刚入学的教育技术学专业一年级本科生为研究对象进行了对比实验。本届教育技术学专业招生 60 人，经了解是被均衡地分配到一班和二班两个班级，构成了两个水平相当的班级，因此两班学生的基础总体上应该差异很小。我们选一班学生为实验组，二班学生为对照组，在两个班的《教育技术学导论》课程上展开了对比实验。

我们要求学生在课外通过 QQ，以小组讨论的协作方式，完成老师布置的小组作业，作业通过 Blackboard 平台上交。基本每周会有一个小组作业，要求通过两到三次利用 QQ 的非面对面讨论完成。两班的处理在其他方面完全相同，不同之处仅在于：

要求实验组讨论按图 5-5 的程序进行，而对对照组的讨论方式不做任何要求。我们通过两种途径通知两班学生采用不同的讨论形式，一种是在 Blackboard 的小组论坛上呈现不同的界面(注：Blackboard 的小组论坛有一个特点，就是非本小组成员不能观看本小组内容，包括小组论坛首页)；另一种是给两班全体学生发送电子邮件说明讨论方式，要求一班学生使用实验要验证的协作交流组织程序，只要求二班学生用 QQ 讨论，对方式不做要求，在每一份邮件中均注明本邮件是发给两个班全体学生的(使两个班的学生不了解实验所必需的区别对待)。两个班的小组论坛界面如图 5-6 和图 5-7 所示。图 5-8是一个小组的讨论区和上传的讨论过程记录张贴区(部分地方隐去了发帖学生的姓名)。

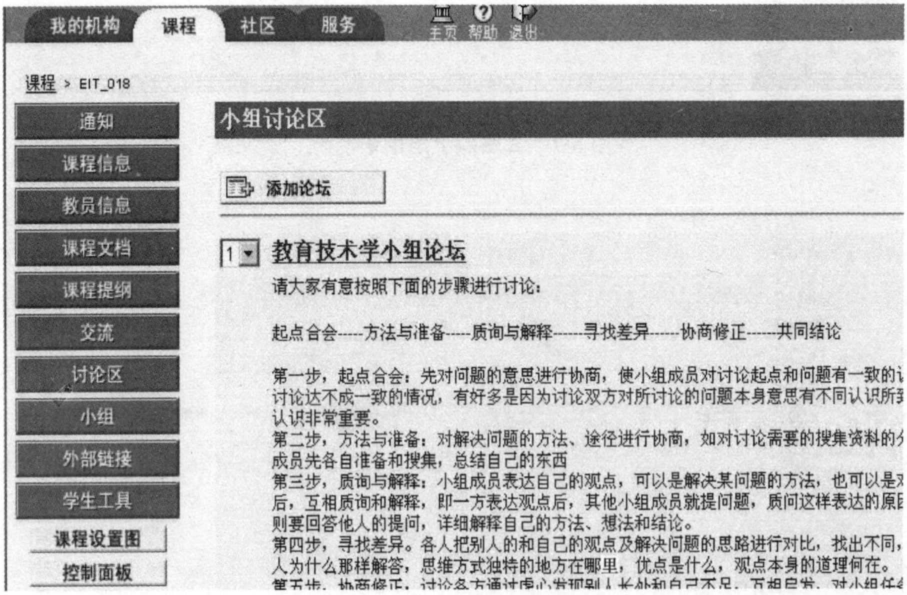

图 5-6　一班的小组论坛说明

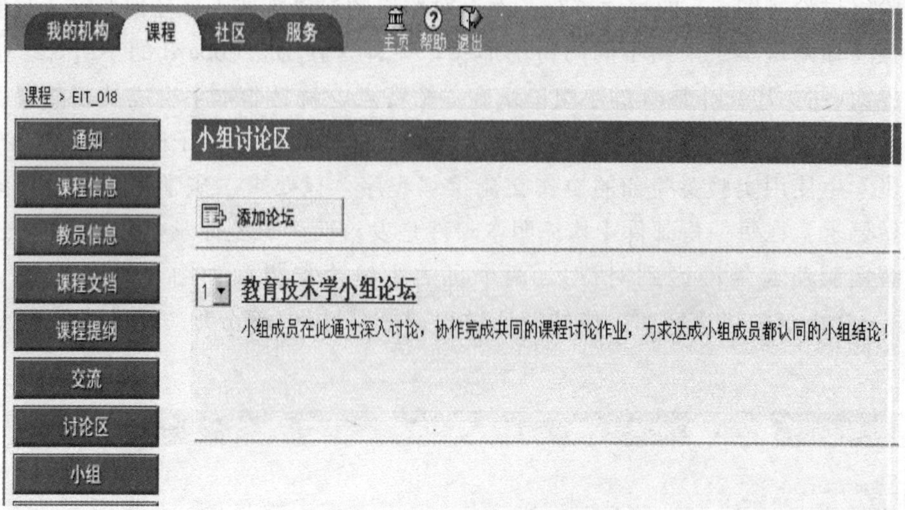

图 5-7　二班的小组论坛说明

图 5-8　某小组的讨论区和张贴的 QQ 讨论过程记录文件

5.3.3　分步讨论型 CSCL 交互活动组织程序的应用效果

我们要求学生必须把小组用 QQ 实时讨论完成小组作业的过程记录拷贝下来，作为作业的一部分和小组作业一并上传到小组论坛。对协作学习过程的关注是 CSCL 学习和评价的主要特征之一。就讨论过程而言，从第二次作业开始，我们发现两个班有了明显的差异。一班讨论问题的深度和广度明显优于二班，小组作业的质量也比二班好。相比之下，二班的讨论比较散漫，一般不能深入，也不能展开组员之间真正有效的互动。当然，由于这些作业都是像作文那样不容易给出量化分数的类型，因此在这里只以一班有代表性的一次讨论的两个过程片断作为例子，见图 5-9 和图 5-10。

哦
~勋仔~(312226504) 19:45:58
我们要讨论的专题是什么啊？~
☆jiji☆(168337557) 19:46:37
制作一个网络课件的评价指标体系
~勋仔~(312226504) 19:46:39
制作一个网络课件的评价指标体系
~勋仔~(312226504) 19:46:41
好
~勋仔~(312226504) 19:47:34
我们应该从评价这方面开始
☆jiji☆(168337557) 19:48:45
首先应该搞明白什么是评价指标体系吧
~勋仔~(312226504) 19:49:05
我觉得应该是评价一个网络课件吧
~勋仔~(312226504) 19:49:10
你们觉得呢~？
智慧(402120212) 19:56:28
我们应该评论它的文字、设计、界面、背景音乐、交互方式、媒体应用等多角度的评价
☆jiji☆(168337557) 19:49:53
是评价，但是要是一个体系，那怎么设计出来呢
~勋仔~(312226504) 19:50:51
我们要搞清楚，是评价的指标，而不是评价
☆jiji☆(168337557) 19:51:13
那体系呢？究竟要做什么
智慧(402120212) 19:58:22
当然要看看它们总体上能不能被学生吸收~
☆jiji☆(168337557) 19:52:40
那网络课件，用哪个
~勋仔~(312226504) 19:53:54
不是，我们是要指标~不是说要课件
☆jiji☆(168337557) 19:54:17
明白，是要一个评价的指标

图 5-9　一班某小组协作完成小组作业的稍前部分讨论

图 5-9 的讨论片断突出表现了对问题起点的共同理解。当有组员误解作业是对一个具体的网络课件进行评价时，其他组员提醒和纠正了他，这样就达成了“起点合会”，避免了因讨论问题不一而无法达成一致小组结论的情况。

在图 5-10 的讨论片断中，当组员经过一系列讨论确定了评价网络课件的几个指标时，大家以为他们的指标体系已经比较完善了，但其中一个小组成员突然想起了指标中应该有“交互性”，其他组员马上反思，觉得这个提议很有道理，通过讨论支持这个观点，并一致决定把它加到他们的指标体系中。

~勋仔~(312226504) 20:23:44
哦，课件的录音啊，那当然要正确，不要太快，也不要太慢，要生动，不要好像念书一样念出来
☆jiji☆(168337557) 20:24:04
恩，就是
~勋仔~(312226504) 20:24:41
所有的都提到吧～？
☆jiji☆(168337557) 20:24:51
应该是吧
~勋仔~(312226504) 20:25:33
还有，我觉得要有交互性比较好
智慧(402120212) 20:32:53
哦，通过交互学习，及时给学生提出指导性建议，从而实现不同智力水平和不同背景知识的学生，其学习的路径有所不同
智慧(402120212) 20:33:44
应该要求该课件是否具有学生可以与其不断对话、交流的功能和水平
~勋仔~(312226504) 20:27:12
对了～～～差点忘了交互性，这个很重要，学生光听不行，光做也不行，要两样都结合起来
☆jiji☆(168337557) 20:27:40
那课件怎样实现交互性呢
智慧(402120212) 20:34:59
人机对话是电子教材和课件的主要特点之一
~勋仔~(312226504) 20:28:30
对
~勋仔~(312226504) 20:29:46
差不多了
~勋仔~(312226504) 20:29:52
搞个总结吧
☆jiji☆(168337557) 20:30:48
那总结就在那个评价标准体系里体现出来吧
智慧(402120212) 20:37:49
嗯，没错
☆jiji☆(168337557) 20:31:42
那就不用多说了，写在体系里就行了
☆jiji☆(168337557) 20:34:08
那讨论到这里了

图 5-10　一班某小组协作完成小组作业的稍后部分讨论

为了从量的角度验证分步讨论型 CSCL 交互组织程序的有效性，本人假设，这样比较深入的讨论对理解和记忆所讨论的问题有积极作用。因此我们在本课程的期末考试中有意安排了两道曾经作为小组作业的题目，以考查一班学生是否在这两道题目(为方便起见这里称为 A 题和 B 题)上有更高的得分。

由于两班人数均大于等于 30 人，可采用两独立样本均值差的 Z 检验估计总体均值差，得出 Z 值。在全卷成绩上，两班成绩区别不大，但在特定的 A、B 两题上，两班有比较明显的差别，B 题的成绩在 0.05 的显著性上有明显差异，而 A 题却正好在可以判断差异显著性的临界值上。这可能与 A 题作为小组讨论作业是在课程开始不久，与期末考试时间相距太远造成的。但总体来说，分步讨论型 CSCL 交互活动组织程序的确能促进学生对知识的理解和记忆。

后来，我们又根据学生使用情况，调查学生对此分步讨论型学习组织策略的意见和修改建议。调查反馈的结果显示，93.3%的同学认为此策略对促进 CSCL 交互活动

是有效的(其中有 13.3%的同学认为很有效)，只有 6.67%的学生认为效果不明显。

学生也根据自己的使用情况，提出了一些修改建议，比如认为要增加“总结”、“表达各自观点”的步骤，或者删去“寻找差异”的步骤，但都是个别性的意见(不超过 2 人)，绝大多数学生认为不用修改了，同意该过程是一个不断循环的过程，学生实际上是按此过程不断达成小的共识，最后形成总的共同作品或结论的。本人亦访问了部分研究者，他们认为循环结构更能反映讨论过程的本质。我们可将分步讨论型 CSCL 交互活动组织策略的过程修改表述为图 5-11，作为此策略的一个最后定型。

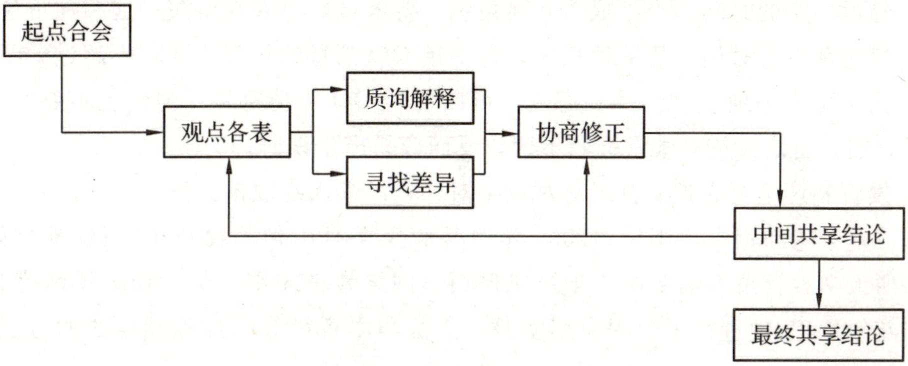

图 5-11 分步讨论型 CSCL 交互活动组织过程

5.4 角色扮演和虚拟长桌式 CSCL 交互活动组织策略

本节中，我们在研究借鉴非计算机支持的面对面合作学习研究结果的基础上，结合学生的建议，通过不断的实验修改完善，形成了比较有效的角色扮演和虚拟长桌式 CSCL 交互活动组织策略。

5.4.1 角色扮演式 CSCL 交互活动组织策略

角色扮演式 CSCL 交互活动组织策略的主要目的是通过角色应用，加强组员的责任和交流深度与广度。为此，提出了下面的规则。

角色扮演型 CSCL 交互活动规则。

1. 在组长或轮值组长的组织下，组员先选角色，角色有“立言者”、“质疑者”、“反对者”、“评判官”四种。各角色的任务和权限如下。

立言者：发表对某事物的观点、解决方案或展示自己的作品，并回答其他角色的提问，阐述和证明自己的观点。

质疑者：询问立言者发言的意义，指出对其观点或证明不明白的地方，以促使立言者能从不同角度解释和精化自己的观点或修改自己的作品，同时质疑者要不断鼓励立言者，发展他的观点。

反对者：要尽量从与立言者相反的角度，提出有创见的反面意见和证据，以促使立言者反省并完善自己的观点或作品。

评判官：主要是检查前三种角色有没有尽到自己的角色义务，如果有不适合该角色的发言出现，及时提醒并制止，判断前三种角色发言的质量，对他们的交流进行引导。当有抢着发言的情况出现时，由评判官决定谁先说。

2. 经过一定的时间，小组成员互换角色，要求最好每人都扮演过这四种角色。

3. 发言和评论时语言要简短精练，每一条QQ消息的长度，要求不超过200字。

4. 为了更准确地表达情感和态度，可以使用QQ表情符号，但建议不要使用自定义符号，因为自定义符号常常会收不到，反而容易产生误解。

5. 发言和评论要有理有据，对观点不对人，严禁人身攻击。

形成本策略和相应规则后，2006年2月底至4月中旬，我们在《图像素材处理技术》(一所大学教育技术学专业二年级课程)和《网络教育应用》(另一所大学教育技术学专业三年级课程)中进行了课程应用实验。方法与本章第2节虚拟圆桌式的方法相同，也是应用该策略一定时间，搜集学生反馈和修改意见，然后再应用，再修改完善。与第2节类似，每次的意见不尽相同，总趋势是意见越来越少，说明策略不断完善。在这里把几次反馈的代表性意见总结如下。

优点(尽量用有代表性的学生反馈的原话)：

1. 由于组员都得担任一定的角色，给了每个人独立发言空间，使每个人都有一个角色可以扮演，达到了各司其职、各尽其能的效果，保证组员都参与到讨论中来。

2. 可以让每个成员都能很快找出自己作品中的问题和缺点，组员提出的建议也很有建设性。

3. 我感觉实现起来秩序也好了很多，提高了讨论的成效。

4. 大家轮流担任角色避免了单纯的一对一那种太强的针对性，也不会显得呆板。

缺点(尽量用有代表性的学生反馈的原话)：

1. 角色限制太严格，大家不能多方面、多角度地发表意见。

2. 每个人需扮演角色过多，时间拖延过长。

3. 各角色的发言时间不明确，包括不知发言是否结束，下一位发言的人是谁，从而出现大家空等现象。

针对以上不足，同学们在试用的不同时期给出了一些修改建议，代表性的合理建议主要有三条：

1. 角色太少，可以设一个主持人角色，主持大局。

2. 增加发言顺序的规则或由评判官指挥由哪个人发言。

3. 每个人在发言之后，应该向大家提示自己发言完毕。

在后来的使用中，我们结合反馈意见，修改了几次，最后形成了一个比较稳定合理的策略和相应规则。

角色扮演型 CSCL 交互活动规则

1. 由组长或轮值组长决定每一轮的组员角色，角色有“立言者”、“质疑者”、“表扬者”、“反对者”、“评判官”、“主持人”六种。各角色的任务和权限如下。

立言者：发表对某事物的观点、解决方案或展示自己的作品，并回答其他角色的提问，阐述和证明自己的观点。

质疑者：询问立言者发言的意义，指出对其观点或证明不明白的地方，以促使立言者能从不同角度解释和精化自己的观点或修改自己的作品。

表扬者：作为立言者的积极支持者，积极找寻其发言或作品的可取之处，给予肯定支持，鼓励其不断进步。

反对者：要尽量从与立言者相反的角度，提出有创见的反面意见和证据，以促使立言者反省并完善自己的观点或作品。

评判官：主要是检查前四种角色有没有尽到自己的角色义务，如果有不适合该角色的发言出现，及时提醒并制止，判断前四种角色发言的质量，对他们的交流进行引导。

主持人：组织协作过程，解决发言冲突，可由组长、轮值组长或角色中的评判官兼任，不另设。

2. 经过一定的时间，重新确定小组成员角色，要求每人在一次协作中最好能扮演两种以上角色，并保证在多次讨论中扮演过所有角色。

3. 发言和评论时语言要简短精练，每一条 QQ 消息的长度，要求不超过 200 字。

4. 为了更准确地表达情感和态度，可以使用 QQ 表情符号，但建议不要使用自定义符号，因为自定义符号常常会收不到，反而容易产生误解。

5. 发言和评论要有理有据，对观点不对人，严禁人身攻击。

6. 一次发言结束后要明确表示自己此处发言结束，小组可决定用一个标志表示（如“OK”、“OVER”等）。

5.4.2 虚拟长桌式 CSCL 交互活动组织策略

考虑到虚拟圆桌式 CSCL 交互组织策略和规则有时比较费时，并且多人发言有时也会影响个人的思考，在虚拟长桌式规则中改为两人之间的讨论，使交互双方能集中精神，加强讨论深度。为此制定了下列初步交互活动规则（由于要求组员成对交流，此策略要求小组人数是四人）。

想象小组成员坐在长桌两侧两两面对面进行交流。

1. 组员先编号，固定小组成员为 1、2、3、4 号。

2. 奇数号和偶数号的同学分别组成对进行交流，发表观点或展示自己的作品，征求对方意见，然后修改，再征求意见。这样进行一人对一人的持续性深入互动。

3. 2 的步骤完成后。再改为 1 号对 2 号、3 号对 4 号同法进行交流。

4. 3 的步骤完成后，每人根据大家的评论，修改完善自己的观点或作品。

5. 要求每人的发言和展示长度不超过 200 字，或时间不超过 3 分钟；每人的评论要概括成条，不能超过 3 条，长度不超过 200 字。

形成本策略和相应规则后，2006 年 2 月底至 4 月中旬，我们在《图像素材处理技术》（一所大学教育技术学专业二年级课程）和《E-Learning Skills And Strategies for English》（一所大学教育技术学专业课程）中进行了课程应用实验。方法与本章第 2 节虚拟圆桌式的方法相同，也是应用该策略一定时间，搜集学生反馈和修改意见，然后应用，再修改完善。

由于虚拟长桌策略和规则的试用时间还不太长，因此没有足够的反馈信息，但从部分反馈来看，此策略和规则有简便易行、用时少、没有发言冲突、双人交流能够深入持续等特点。不足之处就是对某个观点或作品，不能获得较全面和及时的反馈。我们将在后续研究中继续探索和完善此种策略，并研究探索其他本书中尚未提到的 CSCL 交互活动组织策略。

第6章 非面对面CSCL微交互行为应馈策略

6.1 CSCL交互的一般原则和要求

CSCL是一种群体行为，协作效应的充分发挥需要小组成员遵从一定的共同约定和交际原则。第5章介绍了一些通过我们的教学实验总结出来的交互活动的组织策略。肯定还存在其他有效的交互活动组织形式和策略有待不断研究总结。但是，在应用中，不管采取何种活动的组织策略，一些最基本的协作规则是要求学习者必须掌握的。

社会心理学、应用语言学等学科研究得出了“合作原则”、“礼貌原则”等有效的人际沟通中的原则性要求。这在CSCL的具体应用中仍然是适用的，只是对其具体的规则需要做一定修改和补充。

合作原则由语言学家、哲学家格赖斯提出。格赖斯在其会话含义理论中，提出了他的“交际合作原则”中的四个准则，这是以康德的哲学四范畴为理论依据的。格赖斯认为，正常的语言交际一般遵循以下原则和准则。

合作原则指沟通者符合共许的目标或方向，而所说的话须符合当时的需要，总的交际方针要按具体需要、阶段、目的和方向进行交际，合作原则具体包括量、质、关系和方式四个准则和一些次则①。

量的准则，包括两个次则：(1)所说的话应包含交谈目的所需要的信息，即要按交际要求把话说足；(2)所说的话不应包含超出需要的信息，即不要说超过需要的话。

质的准则，基本要求是所说的话是真实的。主要是：(1)不要说自知是虚假的话；(2)不要说缺乏足够证据的话。

关系准则，就是所说的话要有关联。

方式准则，就是所说的话要清楚明白。主要是：(1)避免晦涩；(2) 避免歧义；(3)避免啰唆；(4)要有条不紊。

---

① 姜望琪．当代语用学[M]．北京：北京大学出版社，2003：59－60.

后来，霍尔等人对合作原则做了修改，发展成为“新格赖斯原则”，包括耶鲁大学霍尔的Q原则和R原则及剑桥大学莱文森的三条原则——数量原则、信息量原则、方式原则。

Q原则和R原则内容如下①：

Q原则(基于听话人)：你的话要充分(参照第一数量原则)；

说得尽可能多(在符合R原则的前提下)；

下限原则，诱发上限会话含义。

R原则(基于说话人)：你的话应是必要的(参照关系准则、第二数量次则、方式准则)；

只说必须说的(在符合Q原则的前提下)；

上限原则，诱发下限会话含义。

莱文森的数量、信息量、方式三原则内容如下②。

数量原则

说话人准则：不要提供比你掌握的世界知识所允许的程度更弱的陈述，除非提供更强的陈述会与信息量原则冲突。

听话人准则：把说话人所做的陈述看作与其知识一致的最强的陈述。

信息量原则：不要使你的话语比所要求的更充分。

说话人准则：最小化准则，说得尽可能少。

听话人准则：充实规则，通过寻找最具体解释(直到认定说话人意图所在为止)的方法扩展说话人话语的信息内容。

方式原则

说话人准则：不要无端选用冗长的、晦涩的、有标记的表达。

听话人推理：如果说话人选用了冗长的、有标记的表达式M，他的意思跟选用无标记表达式U时不一样，具体地说，他是在设法避免U的定型联想和信息量含义。

在CSCL的协作中，这些原则是研究提出基于语言的交互指导原则的基础。此外，里奇认为，类似的原则或准则与伦理道德有关，为此，布朗、列文森和里奇等人进一步从人际修辞学和语体学的角度提出得体准则、慷慨准则、赞誉准则、谦逊准则、一致准则和同情准则等若干相关的礼貌准则，支持和补充格赖斯的会话准则③。

得体准则：即少让别人吃亏，多使别人得益。

---

① 姜望琪．当代语用学[M]．北京：北京大学出版社，2003：153－155.

② 姜望琪．当代语用学[M]．北京：北京大学出版社，2003：171－179.

③ 王鹏举，李文红．人际互动中的礼貌原则[J]．理论月刊，2003(10).

慷慨准则：即少使自己得益，多让自己吃亏。

赞誉准则：即少贬低别人，多赞誉别人。

谦逊准则：即少赞誉自己，多贬低自己。

一致准则：即减少双方的分歧，增加双方的一致。

同情准则：即减少双方的反感，增加双方的同情。

在中国传统的礼仪中，也有许多用于促进交际的“合作”或“礼貌”要求，如贬抑自己、赞扬别人，贬称自己以示谦虚、尊称他人以示尊重，贵贱有别、长幼有序，对礼貌文雅的要求等。

但是在 CSCL 中，只提这两个方面还是不够的，CSCL 的协作以学习中的共同探索、相互启发、寻求学习效果最大化为目的。知识构建中对各方观点的批判性的分析、协商、反省、修正和吸纳，是 CSCL 中协同效应的重要内容之一。因此我们把批判性要求纳入上面的合作原则中，归纳“合作原则”、“礼貌原则”和批判性的学习要求为一个 CSCL 交互一般原则：“合作—礼貌—批判”原则。

另外，社会互动、语言学等领域对于高效的社会沟通还有其他具体要求，比如要求参与者能够认真倾听他人意见、热情投入等，这些要求对完善 CSCL 的交互行为都是很有效的。为了简明扼要地反映一些基本的协作要求，本人吸纳以上成果，并结合我们在 CSCL 具体应用的情况，总结出了“八心”要求。

我们把“合作—礼貌—批判”原则和“八心”要求作为一个总的小组学习规则性规定，在应用 CSCL 方式的几门课程中对学生做出要求，并要学生通过自己的切身体会，提出修改意见。至写作本部分内容为止，学生认为这些都是合理的，也没有提出特别的修改意见。据此，我们认为这些对 CSCL 的一般性要求，作为一种总的 CSCL 微交互的策略，是比较合理的。下面给出这些规则要求的具体内容。

各种 CSCL 协作活动的共同规则要求——“八心”要求和“合作—礼貌—批判”原则。

“八心”要求

热心——要求大家积极投入到群力互利的协作中，如果我们都能做到积极参与，就会感觉到在一个热情洋溢的小组中学习是一件体验生活意义的富有趣味的事。

诚心——要求大家真诚对待你的学习伙伴，认真考虑相互的提问，互相帮助和启发。只有诚心待人，他人才能对你真诚。

细心——听同伴的解释和对同伴讲述自己的观点时，都要非常仔细，特别是听取同伴的观点时，要专心，能抓住关键的地方，避免错过真正的意义所在和产生误解。

虚心——任何时候都不要以为自己懂的比对方多。每个人都有自己的长处，每个人在掌握的知识和思维方式、学习方法方面都有独到的优势，只有虚心倾听和学习，兼收各人之长，才能真正从群体互动中获益。

同理心——对方的某些观点你可能不能理解，但是每个人都有自己的出发点，也可能不同时期有不同的事情和心情影响他。要从对方的角度考虑问题，这样会发现一个不同的天地。

耐心——有意义的回应是需要一点儿时间考虑的。如果对方没有马上回答你，他可能在思考如何更好地回应，所以你应该有耐心，给对方思考和组织的时间。反过来，你在回答别人的问题时也要有所思考才好。

责任心——组员必须为小组任务的完成负责，遵守共同约定。

信心——相信小组的协作潜力是巨大的，共同探索可以解决个人不能完成的任务。

“合作—礼貌—批判”原则

合作原则——你的发言不能太多，也不能太少。太多让人烦，要言简意赅；太少不能明确表达自己的思想，使人费解。发言之间要有关联，你的发言要从对上一次别人的回应开始并说明与其的联系。

礼貌原则——你的发言要得体、谦虚。别人的观点不管你认为多无意义，也不能严格地批评。如果你用欣赏的眼光看，就会发现它的意义所在。如果你能真诚地欣赏同伴的观点，适当地表示赞美，肯定同伴的价值并不断反省自己的思想，你的小组就能始终充满热情和活力，你就会受益匪浅。

批判原则——批判的本意不是一味地否定，而是求真求实，多方面看问题，力求丰富对特定问题的理解。批判性的交流和互动，是思想发展和智慧增长的重要源泉。

6.2 非面对面 CSCL 微交互行为的功能类型

研究 CSCL 微交互应馈策略，首先需要对微交互行为分类，在此基础上进而确定每一类基于语言的微交互言语最有效的表达策略和方法。

社会心理学、应用语言学和公共关系的研究曾对语言应答的类型和模式有一定总结。但都没有精细到对每一条言语进行分类和专门研究。

应用语言学的会话，常常把交际沟通的语言应答从应答对的整体进行划分，分为介绍、面试、抱怨、道别等情景会话类型。公共关系研究也常常把人际沟通类型分为讲演、劝服、面试、谈判等情景性类型。这种分类是很概括地按照应答对的整体性质进行划分，并不关心每一应答对内部具体的每句话(微交互言语行为)。甘华鸣、李湘华等人提出了一个比上述分类稍微精细一些的分类，把一次会话中的语言分为叙述、说服、征询、参与和启发、提问、复述等模式或类型①。但仍然没有深入到每一句微交互言语行为上，也很不全面。

在基于言语的非面对面 CSCL 交互中，每一条言语都有特定的功能。本人在相关语言和人际交往研究对言语行为研究的基础上，通过对 CSCL 课程实验中学生非面对面语言交互记录的分析，从功能的角度，把以协作学习为目的 CSCL 言语交互行为分为展示型言语、质询型言语、解释型言语、支持型言语、发展型言语、欣赏型言语、否定型言语、反驳型言语、建议型言语、致谢型言语、致歉型言语、评价型言语、维持型言语和组织型言语等功能类型。然后通过先后对两个很有意义的群体的个别访谈和问卷调查征询成员对此分类的意见和建议。第一个群体是长期应用即时通信工具进行研究沟通的网络教育应用理论及技术的相关研究群体——南方某著名教育技术学科点的教育信息技术方向、电视方向、远程教育方向的部分教师、博士和硕士研究生。在结合此群体对这个分类的修改意见的基础上，本人又征询了第二个有意义的群体——应用 CSCL 方式实验的课程的本科生——的意见。通过大量实际使用的意见和建议，发现原先对基于网络的非面对面言语微交互行为的功能性分类是比较合理的，并获得了大量关于每类微交互行为的具体应用策略与方法的资料以及丰富的、有意义的语料。下面给出本人对基于文本言语的非面对面 CSCL 微交互行为所做的功能性分类及其含义。

1. 展示型言语(陈述自己的观点，如：“我认为教育技术是……”)

2. 质询型言语(通过问清一些细节，把握对方的真正意图，或者征询对方意见，如：“你这样说有什么根据吗?”)

3. 解释型言语(回答对方的质询，进一步阐述自己的观点，如：“我的意思是……”)

4. 支持型言语(用一定事实或证据支持自己的观点，或同意对方的观点，如：“是的。”“对，我也这样想。”“想起来了，我记得……也……”)

5. 发展型言语(对一个观点的进一步推导和发展)

6. 欣赏型言语(赞许和表扬对方的话：“哟，真是好主意!”)

7. 否定型言语(表示不同意或批评，如：“你错了。”“这样理解是不对的。”)

8. 反驳型言语(直接或间接提出异议，如：“你错了，其实……才比较合理，因为……”)

9. 建议型言语(提出改进观点、作品的建议，如：“我想是不是可以表达为……”)

① 甘华鸣，李湘华．沟通[M]．北京：中国国际广播出版社，2001：82，109.

10. 致谢型言语

11. 致歉型言语

12. 评价型言语(做出总结和价值判断)

13. 维持型言语(表示自己在倾听，让对方继续讲，如："哦!""是吗?""这样啊!"或者使用相应的即时通信工具的表情符号)

14. 组织型言语(用于组织交流活动的话)

在调查和访谈中，我们了解了以上两个群体对上述分类的修改意见和除上述类型外其他功能性言语的建议。对于列出的14种类型，大家认为基本是合理的，没有给出调整意见，对于其他功能性言语，则提出了赞赏、主持、协调、情感、讽刺、联系、抒情、友好、批评、鼓励、重申、总结、自省、漠视(不置可否)、提问等类型，并且基本上每一种都只是个别人的意见，没有有较多响应(超过3人)的类型。本人也认为，这些功能类型实际上都可以归入前述的14类之中。比如，"赞赏"、"鼓励"都可以归入"欣赏型"或"支持型"言语，"批评"、"讽刺"可以归入"否定型"和"反驳型"言语，"支持"和"协调"可以归入"组织型"言语，等等。漠视是14类中未列出的类型，但我们的前提是CSCL的协同学习，不允许学生漠视同伴的言语，因此在此可以不考虑漠视这种情况。

为了排除特定研究群体的影响，验证功能性言语框架的一般性，我们又在北方另一所高校的教育技术学专业和非教育技术学专业的本科生中进行了问卷调查研究。这次调研通过网络方式(如：QQ、邮箱、论坛等方式)发放问卷，对专业组(教育技术系)、非专业组分别进行了问卷调查。

这次调查结果显示，大家对于我们确定的微交互言语功能性分类思路和框架所列出的14类微交互言语，给予了一致肯定。对于需要补充的其他种类，则有个别性响应，补充了请求、评论、情感、试探、发泄、搭讪、判别、感叹、命令、挑衅、鼓励、抱怨、道别、问好、传达、赞赏、讽刺、批评等功能性言语类型。但基本上其中每一种补充的分类，都只是个别意见(不超过2人)，只有请求型言语有3人响应。

我们分析认为，这次调查中新提出的功能类型实际上也大都可以归入前述的14类之中。比如，"评论"、"判别"可以归入"评价型"言语；"感叹"、"赞赏"、"鼓励"都可以归入"欣赏型"或"支持型"言语；"抱怨"、"批评"、"讽刺"可以归入"否定型"和"反驳型"言语；"搭讪"、"道别"、"问好"、"试探"都是与别人交流时所用的起连接作用的言语，可以归入"维持型"或"组织型"言语。这次调查也得到了"发泄"这样的意见，不能归入前述14种类别中。但在CSCL的背景下，不允许有类似的行为，因此可以不予考虑。

“请求”是 14 类中未列出的类型，也是唯一一个有 3 人响应的类型，我们认为可以作为 14 种类型的补充。“请求”有获得帮助的含义，有时其结果未必是语言反馈，可能是一个动作和为请求者做某件事。这样就确定了微交互言语的功能分类框架，并把类型扩大为 15 种。本阶段研究还发现了一个很有趣的现象：非专业组的同学对此调查很感兴趣，而且他们更喜欢使用表情符号生动地表达自己的态度和想法。

微交互言语的功能性分类研究有重要的理论研究意义，是对交际言语分类研究的进一步深入。此外，此种分类可以使我们更精细地研究基于文本的远程学习协作的进程，有重要的实际应用价值。

对计算机支持的学习协作的进程，可以从学习者参与发言和回应等的数量角度进行量化分析。另一方面，数量的多少与学习质量并不存在线性相关性。因此还需要对交互过程做质性分析，分析交流文本的内容。但计算机本身并不理解文本的意义，人工智能的自然语言识别，在对文本意义的把握方面尚有较长的路要走，这就限制了其在 CSCL 微交互言语行为分析方面的应用。但对微交互言语的功能性分类，可以使计算机从功能类型的角度识别学习者微交互言语的大致意图，因此在一定程度上能够简化对其意义的理解。并且，该分类对交互行为的量化分析也有很大帮助——我们可以通过检测学生发言中各种类型言语的比例实时判断学生的学习交互行为并给出指导建议。当然，也可以在学生学习结束后，借助学生应用各类言语比例的不同，对其学习交互行为进行更仔细的分析。

下面通过一个 CSCL 专用工具的例子介绍此微交互言语功能性分类框架的应用。在该 CSCL 学习系统中，针对不同的角色，学习者需要选择不同的微交互功能言语类型，这可以使学习者更加明确交流的意图。图 6-1 展示了其中一种角色的学习者能使用的功能性言语类型。

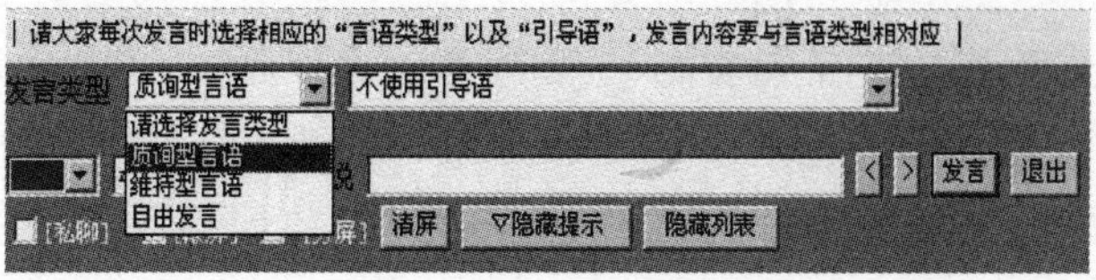

图 6-1　一种角色对应的微交互言语类型

当学生按发言意图选择了特定微交互言语类型后，会有相应的示例句(来源于确定本文分类框架时所收集的语料)，引导学生做出恰当而有效的发言。图 6-2 是选择了“欣赏型”微交互言语时给出的一些示例语。

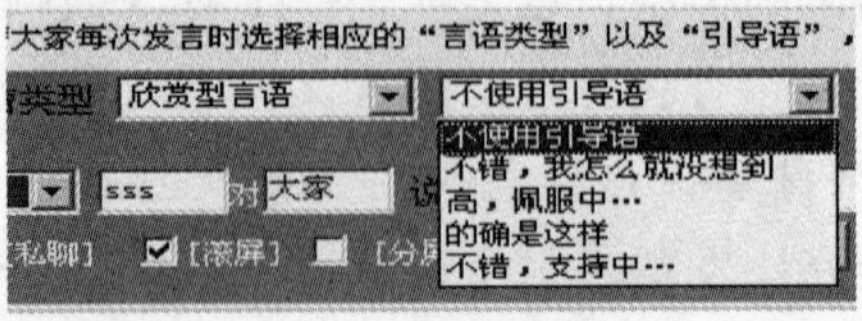

图 6-2 “欣赏型”微交互言语对应的示例

在应用此工具进行基于网络的学习协作时，计算机或教师可以根据学生对各类微交互言语的使用，迅速发言提问，及时引导学生交流。当然也可以在学习完成后，通过考查学生对各类言语及示例语的使用，较方便地分析学习协作进程的质量。

6.3 非面对面 CSCL 微交互行为的应馈策略

在对非面对面协作学习中的微交互言语行为进行功能性分类的基础上，本节根据本人通过访谈、调查和教学实验得到的丰富意见、建议和语料，结合应用语言学和人际沟通的研究，分别对几种重要的微交互言语行为的有效应馈策略进行讨论和总结。

6.3.1 展示策略

展示型言语用于陈述自己的观点。有效的展示要注意：言简意赅；观点明确；非面对面 CSCL 交互中要避免内容过多，如果内容比较多，应该概括成条；不用肯定自己观点的语言；有理有据；不时问询、了解同伴的反应。

以下情况是应该避免的：滔滔不绝，不顾自己发展，忽视别人；自以为是，漠视同伴质询。

6.3.2 质询策略

质询是通过问清一些细节，把握对方的真正意图或者征询对方意见的微交互言语行为，是非面对面 CSCL 中非常重要的一类行为，可以帮助深化对事物的理解，帮助同伴发现其不足，补充和全面化某个观点和方案，促进共同知识建构的过程。以下是一些有效的质询策略：站在对方立场理解对方的观点和情感；通过复述确定同学的意图；构造启发性问题，问题要能引起深层次思考；有效提问，避免直接问“为什么”。

下面给出一些教学实验中学生反馈得到的较好的质询问题，这些问题可以导入 CSCL 的交互行为支持工具引导学生的言语协作效果。

您指的是……吗？

你是说……？

也就是说……？

您讲到……那如果……会怎样呢？

噢，刚才您说的我不是很清楚哦，能否解释一下？

你是不是说……？

如果我理解得没错，你是说……？

这样讲的根据是什么呢？

哦，你是指……吗？

那您觉得还有别的办法吗？

你认为这样想的合理性在哪儿？

您能说得详细一点儿吗？

不知道这样理解合不合适……

我不太明白哦！

根据我们的访问和调查反馈，学生反感的质询行为如下，应该避免：动不动就问“为什么”；直接否定；不尊重的强硬语言；不断要求解释却不回应。

6.3.3　解释型言语策略

解释型言语是回答对方的质询，进一步阐述自己观点的言语行为。解释型言语应注意：解释是重新组织、深化自己和发展自己观点的过程，是自己得益；解释要耐心，如果对方没听懂，要意识到是自己的问题，“只有自己没讲清，没有对方听不懂”；解释中发现自己的错误，要及时诚恳承认，感谢对方的质询。

6.3.4　欣赏策略

实用教育家杜威说过：“人类本质里最深远的驱策力就是希望具有重要性。”每个人来到世界上都有被重视、被关怀、被肯定的渴望，当你满足了他的要求后，他就会对你重视的那个方面焕发出巨大的热情①。对他人某些成功的欣赏会促使他取得更大进步。在 CSCL 中，欣赏型言语是赞许和表扬对方的言语行为，能够引起同学之间更好的协同关系和更有创意的知识建构。以下策略对欣赏型言语的表达是非常有效的：直接、及时地肯定；心里的赞美永远不会起作用；肯定和赞扬要真诚；对具体的观点和创见进行赞美，要适度，不夸张；善于使用表达肯定和赞美的表情符号和短句，如“有道理！”“呀！有见地！”“顶！”“不错，我怎么就没想到！”“同意中……”“高，佩服中……”“的确是这样！”“不错，支持中……”，这些都是同学们反应非常有效又很有趣的表示肯定和欣赏的言语，可以作为示例言语嵌入相应的 CSCL 平台中。

6.3.5　否定和反驳策略

否定型和反驳型言语是表示不同意、直接或间接提出异议或批评的言语。按照

---

① 王坦．合作学习的理念与实施[M]，北京：中国人事出版社，2002：53.

CSCL的“合作—礼貌—批判”原则，针对合作问题内容的否定和异议是不可避免的，也是有效的协作行为，但否定和反驳要注意策略和方式：否定语言要委婉；用作为备选方案的形式提出异议；避免使用绝对性词语；首先要能看到和承认对方的可取之处，然后可就势提出异议；要提建设性的意见；有理有据，态度诚恳友好；以问询、协商的方式消除对方的抵触情绪；要移情，考虑对方的思维角度和感受；不用强硬的、霸道的、武断的、无商量余地的、自以为是的言语；要尊重同伴，针对观点不对人，严禁人身攻击。

6.3.6 建议策略

建议型言语是提出改进观点、作品意见的话。好的建议型言语与提出异议的方式有些类似，要求避免使用绝对性词语，要在肯定同伴意见的基础上作为补充提出，也最好以问询、协商的方式，考虑对方的思维角度和感受。但有时候也可以直接提议。

以下内容是一些较好的建议型言语的语料：

对啊，要是再考虑到……就更好了。

对了，我们是不是可以……

我们不妨这样想……

您看这里这样改会不会更好一点儿？

你看这样行不行？

不错，不过要是……会不会更好呢？

我觉得可以这样，你认为呢？

也许可以……

不知这样……

你看……怎么样？

不错，只是……如果改为……好像更好一点儿。

你觉得……怎么样？

这样可能会更全面……

6.3.7 维持性言语策略

维持性言语是一种似乎无足轻重，但其实对深度的协作交流很有意义的言语行为，它表达了自己对同伴的重视，通过一定方式让对方继续下去，可以引导交互双方的持续性互动，进行深层次的交互。

在非面对面CSCL言语交互中，可以用表情符号表示自己正在倾听(如只是一个表示微笑的符号)，也可以使用一些诱导启发语言，如：“接下来呢？”“然后呢？”或者使用一些非常简单但有效的感情性词语，如“噢”、“呵呵”、“哦”，或简单表示认同的词语，如“不错”、“是的”、“对”、“恩”等，鼓励对方继续阐述。

第7章　非面对面CSCL交互行为的教师指导与管理策略

7.1　CSCL中的教师：角色转变与能力发展

教师是教育成功与否的关键因素。然而在传统的教育中，教学是教师传授知识的过程，教学和课程存在着知识观的误区，教师处在绝对的知识权威的地位。教学与课程的知识观忽视了作为教学及课程过程主体的教师和学生的主体价值，忽视了学生的多种需要与潜在能力，忽视了课堂中交互作用过程的价值，这样就“使课堂教学变得机械、沉闷和程式化，缺乏生气与乐趣，缺乏对智慧的挑战和对好奇心的刺激，使师生的生命力在课堂中得不到充分发挥，进而使教学本身也成为导致学生厌学、教师厌教的因素，连传统课堂教学视为最主要的认识性任务也不可能得到完全和有效的实现”①。

20世纪80年代以来，随着认知和学习理论的研究不断深入，随着对上述消极影响的反思，人们渐渐突破对教学与课程、教师和学生角色认识的旧有框架，逐渐开始重新关注学习的真正主人，学习者提出了转变教学观、课程观和教师观，“让课堂焕发出生命活力”的呼声：“必须突破（但不是完全否定）‘特殊认识活动论’的传统框架，从更高的层次——生命的层次，用动态生成的观念，重新全面地认识课堂教学，构建新的课堂教学观，它所期望的实践效应就是——让课堂焕发出生命的活力。”②

这种观念把教学看作“师生人生中一段重要的生命经历”，指出课堂教学的目标“应全面体现培养目标，促进学生的全面发展，而不是只局限于认识方面的发展”，认为“只有师生的生命活力在课堂教学中得到有效发挥，才能真正有助于新人的培养和教师的成长”③。在新的教学、课程和教师观下，知识经验作用主体从教师的传授转向了学

① 叶澜. 让课堂焕发出生命活力[J]. 教育研究，1997(9).
② 叶澜. 让课堂焕发出生命活力[J]. 教育研究，1997(9).
③ 叶澜. 让课堂焕发出生命活力[J]. 教育研究，1997(9).

生的主体活动。教师的作用主要是引导和帮助学生的学习"经验"和"体验"活动，而学生的经验体验或者从知识获得角度来说的知识建构活动，乃是"一个生活过程，一个知识过程，一个知识与生活共建的过程"①。

因此在新的教育理念中，人们逐渐认同了学生的学习主体地位。然而随着计算机和网络技术的运用，新的问题又开始出现。在 E-Learing、Distance Learning 和 CSCL 情景下，对教师的角色和能力素质有没有新的要求？

毫无疑问，促进传统教师适应信息教师的转变是一个急迫而重要的现实课题，探讨在信息技术支持下教师应扮演的角色与应具备的能力素质，是适应教育信息化、提高教育质量的必然要求和根本保证。那么在信息支持的教育，特别是远程教育和 CSCL 中，教师角色有什么变化？应具备怎样的素质？

斯考特·黑德利概括了在线学习中教师的五个角色：学习空间的计划者、学习进度的调适者、学习活动的"主持者"、联系人和参照者。并强调在线教师要为学生创造高度的交互机会，促进其高级学习体验②。

维拉·奎罗斯也指出："在线教师必须适应成为学习活动过程之管理者和支持者的角色。""在传统教学中，学习过程的中心是教育——他们致力于传播自己的知识给学生，而在在线教学中，教学关注的是教师、学生和知识之间的关系。学生要被指导更自动地、参与性更高地、为自己负责地学习。"③

在 CSCL 中，除了以上角色要求外，我们还需要更加强调教师对学习小组的组织、管理、学习交互的引导、以小组整体绩效为主的评价等角色功能。

综合上述新教育理念下的非技术支持和技术支持情境对教师角色的要求，结合 CSCL 小组协同性的特点，以促进 CSCL 之学习者交互为目的，我们把 CSCL 交互活动中教师的角色总结为以下几种角色的综合(表 7.1)。

---

① 石欧，侯静敏．在过程中体验——从新课程改革关注情感体验价值谈起[J]．课程·教材·教法．2002(8)．

② Scot Headley. Five Roles I Play in Online Courses [DB/OL]. [2006-04-05]. http://www.innovateonline.info/index.php?view=article&id=78.

③ Vera Queiroz. Roles and Competencies of Online Teachers[DB/OL]. [2006-04-05]. http://iteslj.org/Articles/Queiroz-OnlineTeachers.html.

表 7.1　CSCL 交互活动中的教师角色

教师角色	角色功能
学习空间的设计者	为 CSCL 交互活动的顺利进行创设良好的信息化空间
学习资源的支持者	选择和组织充足的学习资源
学习任务的组织者	选定学习主题和小组学习任务
学习活动的管理者	选择和组织协作学习活动
交互行为的引导者	指导学生之间顺利进行学习交流和协作
知识共建的咨询者	为学生的知识共建排难解疑
协作的激励管理者	用有效方法增强小组凝聚力、管理学习协作活动
协作成果的评价者	评价学生的知识共构和个体发展效果
学生学习的伙伴	以学生同侪的身份介入学习，充当学生探索的同路人

一定的角色意味着相应的功能，特定的功能则意味着相应的能力结构。

赞恩·L. 伯格研究指出，在线教师应该具有由教学能力、社会能力、管理能力和技术能力构成的能力结构①。他已经注意到了 CSCL 中对社会能力的要求，如对教师创造友好学习环境、增强小组凝聚力、共同学习和管理成功的学习讨论的要求。

帕蒂·香克从在线教师的工作领域的角度，把其角色能力要求总结为管理、设计、支持、评价和技术五个方面的要求②。另外克莱夫·谢普德和维拉·奎罗斯等对在线教师能力的研究，大致也都在这些能力框架的范围内③④。

在 CSCL 情境中，本人认为可以用学科能力、教育教学能力、社会性能力和技术能力四个方面概括对教师的能力要求。

学科能力正是传统教育极端关注以至于因而忽视了其他方面的一个核心能力。学科能力指教师对其所负责的学科领域知识和能力的熟习。习惯上人们常常误认为，对学科领域有较好的掌握，就能成为该学科的好教师。其实合格教师的要求，特别是 CSCL 对教师的要求，除专业领域的良好素质外，其他三个方面也是非常重要的。其中

① Zane L. Berge. The Role of the Online Instructor/Facilitator [DB/OL]. [2006-04-03]. http://www.emoderators.com/moderators/teach_online.html.

② Patti Shank. Competencies for Online Instructors [DB/OL]. [2006-04-03]. http://www.learning-peaks.com/instrcomp.pdf.

③ Clive Shepherd. Training the e-trainer[DB/OL]. [2006-04-03]. http://www.fastrak-consulting.co.uk/tactix/Features/etrainer.htm#The%20skills%20of%20the%20e-trainer.

④ Vera Queiroz. Roles and Competencies of Online Teachers[DB/OL]. [2006-04-03]. http://iteslj.org/Articles/Queiroz-OnlineTeachers.html.

第一个方面是教育教学能力，指教师应该掌握足够的教育教学理论和教育教学技能，能够针对特定的学习对象、学习情境做出合适的教学决策并顺序实施和做出正确的教学和学习评价。

第二个方面是社会性能力，这包括赞恩·L. 伯格所说的社会能力和管理能力两个方面，指 CSCL 的教师应能对一些非教学因素进行设计、组织和应用。具体包括创设友好的协同学习和社会环境、建立极富活力的学习组、引导学生发展良好的人际关系、提高学习群组凝聚力和激发群体创造力、对学生良好社会沟通技能的指导、小组交互活动规则的设定、交互活动的组织、交互行为的引导、激励等内容。

第三个方面是技术能力，指 CSCL 的教师必须能够熟练运用所需的信息技术，能够运用相应的 CSCL 工具和平台，建设良好的 CSCL 交互协同环境，选择、组织甚至制作足够的支持学习小组知识共建的学习资源，并能充分利用信息技术与各方面进行沟通、获得专业和教学知识，进行一定量的专业和教学研究，不断发展自身能力。

在本章后面几节，我们将从促进非面对面 CSCL 中学习者交互的角度，集中讨论和研究教师在 CSCL 小组组建、小组活动组织、小组学习内容和任务确定、交互行为引导与激励及 CSCL 交互行为评价方面的策略与方法。

7.2 CSCL 小组的组织管理策略

7.2.1 CSCL 分组策略

CSCL 是一种共同学习的方式，但是把传统班级的自然班作为一个整体进行协同，绝对是不可设想的。在这种情况下，不能进行有组织、有规则的交互，人数的庞大会造成混乱。在非面对面的情况下，就会出现比我们在第四章提到的基于小组的自由协作更严重的问题，比如话题杂乱、无所适从、刷屏太快、抓不住重点等。

因此，有效的协作常常基于小组的创建，因而 CSCL 学习交互，是从小组的形成开始的。

小组的形成要考虑诸多因素，如小组人数、小组成员的学习起点和学习风格组成、性别比例、分组方式等。

总结合作学习的研究和我们的 CSCL 课程实验，教师应该掌握以下 CSCL 的分组策略：适中的规模、异质分组、指定与自由分组结合、非永久性分组。

适中的规模是指小组人数不能太多，也不能太少。周晓虹认为小组构成最好为 2～

7 人[①]，科恩认为 4～6 人最好[②]，乔治·M. 雅各布等则建议小组规模以 4 人为宜[③]。但实际上在 2 个人的情况下，协同效应是非常低的，讨论不够广泛，而 6 人以上容易出现交互不平衡、话题冲突较多、交流不深入的现象。根据我们的经验，分组人数以 3～5 人为宜。如果采用一些特定的小组活动组织策略，如“虚拟长桌”式或者成比复习策略，则以 4 人为佳。

异质分组是指同组的成员最好在成绩水平、性格、性别、爱好等方面都有所不同，以收思维多样性等互相影响、激发各种学习创见之效。我们在分析 CSCL 课程实验的讨论记录时发现，性别比例均衡的小组在互动中语言灵活丰富，积极性也更高。

指定分组与自由分组是指为了考虑分组的异质性，最好由教师根据不同的性别、学习风格等指定学习小组。学生往往会要求和熟悉的同学组成小组，虽然相互熟悉的同学之间异质性较低，但由于了解充分，合作起来比较容易，凝聚力也较高。兼顾两方面的优势，在持续时间比较长的课程中，可以考虑先指定分组，过较长时间后改为自由分组。

非永久性分组是指一个已形成的小组，最好不要在课程持续期内一直不变，要在一定时间后重新分组，以使小组成员向不同水平、不同风格、不同思维方式的同学学习。

7.2.2　CSCL 交互活动组织和管理策略

在 CSCL 具体活动中，组织方式的选择运用和过程管理，也需要教师掌握一定的策略。经我们研究，以下策略是比较有效的：形成小组归属感；轮值组长制；适时引导；教给学生协作技能；整体奖励；合适的活动组织方式；组间成果交流。

高效的协作小组要求小组成员具有小组群体的归属感，乐于共同学习。小组成员归属感的增强是小组凝聚力提高的体现。我们曾在 CSCL 课程实验中要求学生制作“小组之家”的图片和小组组徽。要求融入每个人的特点。结果发现学生对这个作业很感兴趣，协作创意、积极投入、共同设计他们的“小组之家”，获得了较好的小组认同效果。另外，乔治·M. 雅各布认为“形成小组吉祥物”和“组员互访”等[④]，在增强小组归属感方面也是比较好的方法。实际上，CSCL 要求小组知识共建和形成共同文化资产。如果小组协作的共同作业能顺利完成，大家经过协作建立了共同的资源和成果，这些集体心血的结晶，本身就能增强小组归属感。

合适的活动组织方式是指教师要根据课程性质的不同、每次学习任务的特点等，

---

① 黄荣怀．计算机支持的协作学习——理论与方法[M]．北京：人民教育出版社，2003：29.

② 加里·D. 鲍里奇．有效教学方法(第四版)[M]．易东平，译．南京：江苏教育出版社，2002：280.

③ 乔治·M. 雅各布，等．合作学习的教师指南[M]．杨宁，等译．北京：中国轻工业出版社，2005：25.

④ 乔治·M. 雅各布，等．合作学习的教师指南[M]．杨宁，等译．北京：中国轻工业出版社，2005：30－33.

为具体的CSCL交互活动选择运用合适的协作组织策略。没有万能的协作组织策略，但有适合特定情境的最优协作活动组织策略，这需要教师根据具体情况灵活确定，亦可在教师引导的情况下由学生选择。

轮值组长制是课程实验中学生提出的一个建议，经过试用很有效。即小组组长由组员轮流担任，这样既可以减轻组长在CSCL交互组织中的负担，又可以均衡组员在知识和能力各方面的差异。

适时引导是指教师在学生CSCL交互过程中，不能喧宾夺主，应把学习主动权交给学生，成为学生知识共建的引导者、帮助者，利用“抛锚式”、“支架式”等策略，支持学生的共同探索活动。在学生的交互顺利进行时，不做过多干预。教给学生协作技能，是指为了形成良好的CSCL互动的社会氛围，教师应该让学生掌握和遵从协同工作的原则、规定和相应技巧，如第6章总结的“合作—礼貌—批判”原则和“八心”规则，以及提问、维持性言语、得体的赞许等规则要求与技能。

整体奖励是指在评定学习成绩时，最好以小组整体作为奖励单位。在我们的CSCL课程应用实验中，个人奖励会引来学生较多意见，改为整体奖励后，问题大大减少。这里举一个例子，如果班级分8个组，可以每次对3个组提出表扬，一般不要对某小组进行批评。个人在小组内的贡献，由小组评定。

组间成果交流是指在小组作业完成后，如果小组成员都同意，他们可以把组成果放到班级公共作业展示区，供其他组同学评价。教师对小组整体的评定也要参考组间交流时的意见。

7.3 CSCL小组学习内容和任务组织

虽然CSCL方式理论上可以应用在各种性质和类型的课程内容的学习中，但我们的应用实验发现，总有一些特定属性的内容更适合使用CSCL，特别是非面对面CSCL的学习方式。学生也更乐于在具有某些特征的内容或学习任务上有更积极的参与表现。

为了发现哪些内容更宜采用CSCL方式组织学习，本人对基于网络的学习论坛进行了内容分析。原本想对国内人气较高的三个教育技术专业学习论坛进行分析，但有两个出了问题不能登录，只能对“中国教育技术学论坛”的“教育技术”类进行内容分析。该论坛访问量最大，人气最高，访问量最高时有2331人同时在线，并且有将近两年时间的积累，能够反映较长时段比较稳定的一种总结趋势。该学习论坛教育技术栏主题帖在统计时已经达到49页，每页22个主题左右。

本人根据教育技术学的学科理论体系建立内容分析类目表，分为根本性问题（学科基本概念、性质、定位）、专业规格与就业、学习与研究方法、功能与作用、历史发展、理论基础、教学系统设计、媒体资源开发、教育技术应用、评价与管理、学科前沿问题、信息发布等 13 个类目，然后从 49 页中抽取了 5 页内容，对学习论坛的主题进行了统计。结果见表 7.2。

表 7.2　教育技术栏主题归类统计表

		根本性问题	专业规格与就业	学习与研究方法	功能与作用	历史发展	理论基础	教学系统设计	学习资源开发	教育技术应用	评价与管理	学科前沿问题	信息发布	其他	合计
5 页中所有主题	频数	26	16	7	4	2	0	0	7	6	0	7	31	5	111
	比率/%	23.42	14.41	6.31	3.60	1.80	0	0	6.31	5.41	0	6.31	27.93	4.50	100
50～300 访问量的主题	频数	19	12	5	3	1	0	0	4	4	0	4	19	0	71
	比率/%	26.76	16.91	7.04	4.23	1.41	0	0	5.63	5.63	0	5.63	26.76	0	100
300 以上访问量的主题	频数	6	3	2	0	0	0	0	0	1	0	0	5	0	17
	比率/%	35.29	17.65	11.76	0	0	0	0	0	5.88	0	0	29.41	0	100
10～20 个回帖的主题	频数	9	5	3	0	0	0	0	0	1	0	0	4	0	23
	比率/%	39.13	21.94	13.04	0	0	0	0	0	4.34	0	0	17.39	0	100
20 个回帖以上的主题	频数	4	4	1	0	0	0	0	0	1	0	0	1	0	11
	比率/%	36.36	36.36	9.09	0	0	0	0	0	9.09	0	0	9.09	0	100

从表 7.2 可以看出一些非常有意思的现象。从所抽的 5 页中所有主题的归类看，学科根本性问题、专业规格与就业和信息发布是最受关注的内容。另外，学习与研究方法、学科问题前沿与学习资源开发，也受到比较多的关注。

在这 5 页内只统计访问量分别在 50～300 次和 300 次以上的热门主题和最热门主题，可以看出学生最乐于访问的主题仍然在学科根本性问题、专业规格与就业、信息发布、学习与研究方法、学科前沿问题与学习资源开发等方面，并且最受欢迎的主题(300 次访问量以上)集中到了学科根本性问题、专业规格与就业、信息发布、学习与研究方法四类主题上。

进一步进行分析，表中最后两行统计学生能积极参与讨论的主题，可以看出那些能引起学生兴趣的、使学生乐于参与的在线讨论内容，也集中在学科根本性问题、专业规格与就业、信息发布、学习与研究方法四类主题上。

那么这四类主题有什么特点呢？或者说能引起学生积极参与的，也就是更适合学生协作讨论的内容有什么特征呢？从表中最后一行可以看出，学科根本性问题和专业规格与就业是学生最关心的问题。学科根本性问题是一门学科、研究或实践领域的最基础内容，涉及最基本的概念、学科性质和定位等内容，这是学科形成和学科体系建立的起点，从人才培养的角度看，则是专业课程内容的起点。任何专业的学生学习任何课程，首先都要搞清楚这个学科、领域的最基本问题、性质和意义，这是理所当然的事。我们可以把这类主题称为“学科/领域基础相关性问题”。

专业规格与就业问题作为学生最积极参与讨论的另一类问题，涉及学生的就业前景，代表学习内容的实用价值。可以把这类主题称为“实用相关性问题”。

接下来受欢迎的是“信息发布”类主题，这类主题包括网上信息公告、求助、提供资源等内容，表现了在线学习中的知识共享共建的精神。可以称这类主题为“共享共建主题”。

学习与研究方法类主题涉及学生在学科学习和专业研究中的心得、体会和对相关内容的讨论，是与学生的学习生活紧密相关的内容，我们可以称其为“生活相关性问题”。

另外，在5页所有帖的归类中，可以看到“学科前沿问题”的主题也是很受欢迎的类型，这是人们对事物的最新动态都表现出极大兴趣的反映。可以把这类主题称为学科或领域的“前沿/发展相关性主题”。

本人也观察到，在这5页的主题中，也出现了较多比较有趣味性、娱乐性的信息性主题，我们刚才是把它们归入了“信息发布”类中，这也表现了一种很自然的行为，就是学生乐于在比较有趣味性的气氛下学习。一般来说，学习是比较复杂枯燥的活动，虽然群体的互动可以带来一定乐趣，但如果内容本身有很强的趣味或者参与的方式充满乐趣，能激发学习动机，让学生能够在乐趣中“悠闲”地学，效果会更好。本人认为内容或方式的趣味也是主题能引起积极参与的重要因素。可以把这类主题称为“趣味相关性主题”。

本人认为，在某一门课程和一个知识单元内的各部分内容的学习中，有与整个学科内容类似的能引导学生积极参与、进行协作的内容，就是说这个课程领域或者单元最基本的主题，与上述“学科相关性”内容相似，是最能引起学生积极互动的内容。其他几种情况也是相似的。这样，我们就得到宜于群体参与、通过协作方式进行学习的学习内容的六个特征：

- 学科/领域根本相关性
- 实用相关性
- 生活相关性
- 信息共享性
- 前沿相关性
- 趣味相关性

为了进一步了解学生关于最适合 CSCL 方式的学习内容和意见，我们利用 Blackboard 的在线调查功能进行了调查，在一道多项选择题“你乐于参加的基于网络的协作学习内容有下列哪些特征”中，我们列出上述的五个特征(其时，“信息共享性”本人还未注意到，没有列入)，每项都有绝大多数学生响应(见表 7.3)。

表 7.3　学生对适合协作学习的学习内容几个特征的响应率

内容特征	响应率
学科/领域根本相关性	62%
实用相关性	72%
生活相关性	69%
前沿相关性	69%
趣味相关性	76%

为了进一步了解在上述讨论中本人尚未注意到的特征，本人又用一道开放性问题了解学生意见：除上题说到的以外，你认为你乐于参加的合作内容具有什么样的特征？以下是学生答案的部分内容(保留学生的原始表达)：

引人注意，比较热门的话题

主题有关我感兴趣的

实用性

增强团队合作精神的

自己感兴趣的或者自己想获得某方面知识或者希望深入了解某部分内容

顾及同学的兴趣

我有兴趣的，有实用性的

不麻烦，不浪费时间，容易上手

知识性的

挑战性的

能够提高能力的

提高性的

创造性；互助性

需要大家发挥自己所长的

适合讨论、有争议性的问题，理论性较强的

趣味性

角度多元化（内容可以从多个角度分析一个问题）；答案多元化，不用有标准答案

有实际应用价值

学生的回答有较多基本重复了我们得出的结论中的特征（虽然要求列出此外的特征），其中较多的答案重复了“实用性”和“趣味性”特征。另外，我们也发现了几个很有见地的建议，就是“提高能力的”、“创造性”、“挑战性”、“角度多元化”和“增强团队合作精神的”。可以把这些特征概括为“有挑战性的”、“角度多元或内容综合性的”和“增强团队精神的”三种类型，这样就把更适合采用CSCL方式的学习内容和任务的特征总结为以下几类。

· 学科/领域根本相关性
· 实用相关性
· 生活相关性
· 信息共享性
· 前沿相关性
· 趣味相关性
· 挑战性
· 角度多元/综合性主题
· 能增强团队精神

我们还提出另一个开放性问题：在各类型的论坛中（包括如搜狐社区等非教育目的社区），什么样的帖子是你最想看的？以了解学生在非课程要求下的参与性与主题相关性，学生的答案则表现出对学科关键问题和热点前沿、社会热点、娱乐休闲、技术前沿、人生、情感、哲理和“敏感话题”（原话）等多方面主题的关注。这也启发我们如何使学习内容贴近生活，具有综合性、多元性和趣味性。由此可以总结，CSCL教师在作学习内容的选择和组织上，使用以下策略是比较有效的。

· 选择学科、课程和单元知识中最基本的、具有全局性的，或者综合性的、热点

的内容。

· 学习内容和任务要有一定挑战性，对适度的能力创造性有一定要求，激发学生共同探索、协作攻关的精神。

· 理论联系实际，使学习和学生的生活密切相关，促进学生在课程交互中的成长体验和自我认同。

· 学习任务要能充分发挥群体协同的力量。

· 用富有趣味的、能提高团队精神的任务和形式增强协作的积极性。

· 使学生能在协作中互通有无，信息共享，建立共同的群体文化财产。

7.4　CSCL 交互行为的评价

CSCL 学习绩效包括两方面的成果：学术成效和社会成效。CSCL 交互绩效也依赖这两方面因素的支持。在交互过程中通过引入有效的人际和社会因素，可以提高共同知识建构的学术绩效，也能直接促进 CSCL 中社会性目标的达成。协作学习研究认为，协作学习中的社会交互技能既是其重要手段(达到提高学习效果的目标)，又是其目的本身之一。著名教育技术专家罗米索斯基曾指出："人际交互技能同认知技能、心理动作技能、反应技能(态度)一样，必须在学校教学中占有重要地位。协作学习研究者也认为，合作学习的目标体系包括两方面内容——学术性目标(即通常的教学目标)和合作技能目标，即人际与社会交互目标。"

因此 CSCL 学习绩效，不只是一个学科知识获得的问题，更重要的是一个在社会层面的融入问题，交互过程中的社会因素对学术成绩和从新的学习与发展观看的学习结果都是非常重要的。与此相应，评价 CSCL 中交互的绩效，必须考虑其中的认知因素、元认知因素、群体认同、小组凝聚力和其他各种社会心理因素等的综合影响。综合上述，本人提出 CSCL 教师在评价学生交互行为时必须坚持的几个最基本的原则。

1. 综合性原则：综合考虑 CSCL 使学习者融入一种文化共同体的各方面表现。

2. 质性评价与量化评价相结合原则：要考虑学生成绩的量，更要考虑成果的质量。

3. 关注过程性评价，过程与结果相结合的原则：不以最后的考试成绩为主要衡量指标，更关注学习过程的记录和学习进步。

4. 小组与个人成绩相结合的原则：以小组成绩为主，结合个人成绩。

5. 发展性原则：根据平时评价结果对小组和个人行为进行引导调节，使之向更理想的方向发展。

在我们的课程实验中，就是坚持上述原则，把学生平时的合作交流过程作为重要评价内容，其分量与期末考试成绩相同。在平时考核中重视量和质两个方面的表现，以小组成绩为主，辅以小组和教师对个人表现的评定，受到了学生欢迎。

在具体的评价指标方面，由于专业绩效方面有丰富的研究和长期实践，而社会性绩效的评价指标一直被忽视，本人在此简单讨论一下社会性绩效评价指标的问题。

关于社会性因素的研究，在CSCL领域非常缺乏，应该说是一个空白领域。但在社会学、社会心理学、心理测量和协作学习中的较多研究可作为进一步研究的基础。

社会学和社会心理学一般涉及两大内容：个体社会(心理)因素研究和群体研究。从两个维度看，一是个体—群体的，二是内容性质方面：知—情—意—行。

周晓虹等人在《现代社会心理学——多维视野中的社会行为研究》中认为，除社会化外，社会性因素基本可归为社会认知(社会知觉、社会印象、社会判断)、社会归因、社会动机、社会态度、社会沟通、群体与互动等方面。这种分类缺少社会情感，并在社会认知中没有区别出自我社会认知和对他人和社会的认知，没有谈到社会适应；社会归因一般认为是社会认知的方面，没有谈到社会责任。

郑杭生等在研究中，除提到社会运行、社会控制、组织与社会变迁等外，提到的与本研究相关的内容有社会化、社会角色、社会互动和群体研究。

马向真等人把社会性因素分为个体社会心理[个体社会化、社会认知、社会态度、社会动机、社会行为(亲和行为、援助行为、攻击行为)]、人际互动心理[人际沟通、人际影响(模仿、暗示和感染、顺从、依从和服从)、人际关系]和群体心理(团体领导、大众心理)三大方面。时蓉华等也提出了比较类似的体系，在《现代社会心理学》中也基本给出三方面内容：社会化(内含自我意识)、个体社会心理[社会动机、社会认知、社会态度、相符行为(从众、众从、服从)]和群体社会心理(人际交往、人际关系、群体规范、群体凝聚力、群体对个体的影响、领导心理等)三大方面。

这些研究的框架基本上确定了两个大方面：个体社会心理和群体心理。其中社会化主要涉及自我形成和社会适应，可归入个体社会心理，人际互动被时蓉华归入群体行为，似有不妥，大多数研究认为群体研究是关注群体整体效应的方面，所以人际互动被更多地归入个体社会心理或单独列出，这样有利于我们确定CSCL社会性因素的总体指标框架。考虑到个体社会心理因素涉及绝大多数内容，而群体因素内容相对很少，这样得出一级指标只有两个并且很不平衡，所以考虑按照知—情—意—行的维度，分为个体社会认知、个体社会情感态度、个体社会行为和群体因素四大部分。

另外，在合作学习、心理测量等的研究中，有较多研究提出了上述宏观指标中比较细的要素。库埃豪认为合作学习的社会因素涉及合作技能、功能语言和评价。约翰逊提到的合作学习五因素——积极互赖、面对面的促进性互动、个体和小组责任、人际和小组技能和小组自评——其实都是社会性因素①。

在心理测量领域，1920 年，桑代克提出了社会能力的概念，把社会能力概括为包括个体适应社会、处理社会关系和处理实际社会生活的能力。后来斯滕伯格提出的能力结构中，社会能力指与人相处、适应环境、洞察他人和社会的能力；实际生活能力指处理日常生活、工作和灵活应变的能力。福特和缪拉在对大学生的研究中得到社会能力的四个维度，分别如下。

1. 亲社会技能：包括对他人需要做出反应，真正对他人感兴趣，情感上有支持等特征。

2. 领导技能：包括具有领导力，知道如何处理某些事情，处事果断的决策能力，喜欢设定某些目标等。

3. 社会适应力：包括容易适应环境，对人真诚坦白，与人相处，与人分享，喜欢与积极参加社会活动等特征。

4. 自我效能感：包括有良好的自我概念，拥有自信，具有自己的个性和价值观，对生活充满希望等特征。

与社会学和社会心理学研究相比，这些研究相对具体却不全面，但有助于确定一些非常重要的观察和测量因素。

本人主要根据社会心理学的研究，确定了 CSCL 交互行为评价的一级指标，并参考以上其他方面的研究，确定了下面的结构框架。

· 社会认知：自我认识与评价、自我调控、对他人的认知判断、社会角色认知和社会归因。

· 社会情感态度：社会动机、情感和态度。

· 个体社会行为：社会适应与调适(适应与应变、承受挫折、积极行动、目标规划实施)、人际沟通[沟通工具和技巧(倾听、移情、真诚、话轮、语言应用等)]、人际关系(欣赏与学习他人、人际冲突处理、人际合作协调)和人际影响[劝导、暗示、人格力量(众从)、领导管理能力]。

· 群体因素：直接隶属群体的群体满意度(安全、归属感等)、群体工作效率(包含群体领导与决策能力)、群体凝集力。

这个评价结构框架是否合理、具体标准如何，由于不是本书的核心内容，将作为本研究的后续研究，将来通过专家访谈、研究者调查和实验修正进行完善。

---

① 王坦．合作学习的理念与实施[M]. 北京：中国人事出版社，2002：13－20.

第8章 基于交互促进策略的 CSCL 工具

本章首先对一些典型的 CSCL 专门工具或支持系统，以及可用于 CSCL 课程的通用工具做简要介绍。在分析其特点和不足的基础上，着重讨论策略化 CSCL 工具在解决 CSCL 学习协同之“协在何处”问题上的基本思路和原型开发，并介绍这方面的一些新进展。

8.1 几个典型的 CSCL 专门工具和支持系统

国外专家开发过一些典型的 CSCL 系统和工具(如图 8-1 所示)，在解决 CSCL 中“协在何处”的问题上有一定的作用，这些系统和工具各有不同特点。

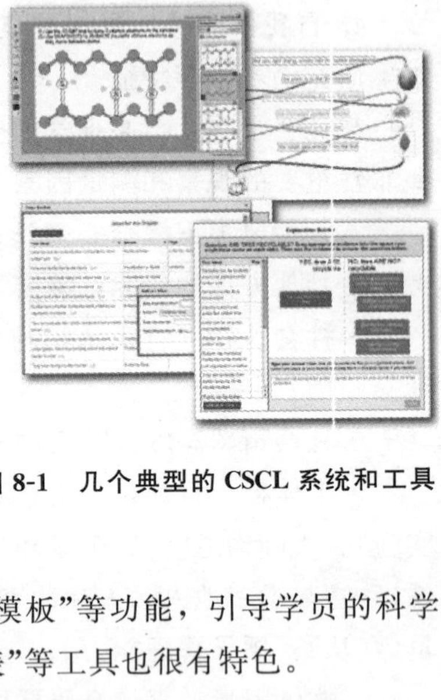

图 8-1 几个典型的 CSCL 系统和工具

1. CmapTools

这是一个概念图工具，但可以通过网络进行协同作图，可在远程情况下让学员共同工作。类似的工具还有 Kmap 等。

2. WISE

这是一个著名的虚拟科学学习环境，它提供了“阅读与写作提示”、“论据组织者与解释生成工具”和“活动模板”等功能，引导学员的科学探索和交流活动。其中的“想法管理器”、“绘图”和“图表”等工具也很有特色。

3. STEP

这是一个面向师范生、在职教师、教育者和学科专家的基于万维网的问题解决环境，能够帮助用户获取并掌握能灵活运用于真实教学环境下的教学设计和分析技能。它提供了“课程管理”、“教师模块”、“研究者模块”和“学生模块”等功能模块，为各类人员之间的沟通提供了网上途径。

4. Blackboard

这是一个商业化非常成功的课程管理和学习协作平台，在国内外已经有很多大学和中学使用。它提供了课程管理、人员管理等外围功能，在学习主功能上能够使用学习分组、论坛和协同画板等让学生共同学习，并能够方便地进行学习过程跟踪和评价。但在学生进行实时交流时，缺乏相应的策略引导其活动向前发展。

5. Epsilon

此系统在引导学习者思维和协同活动上有独到的解决办法。它包括"交流系统"和"共享工作空间"两大模块。其交流模块用结构化的套句引导学生发言是其主要特征。在"共享工作空间"里，学习者可以在不同对象中建立关联以表现其理解。这些成果能被小组学伴看到并进行调整。本系统仍然缺乏足够的、引导学习协作向前发展的活动策略化支持。

6. Knowledge Forum

这是一个非常典型的学习协作支持系统，主要是由文本和图形组成的协作学习环境和公共数据库。学生可以进入由教师创建的任务主题和图形节点，阅读并建立自己的节点，或者评论其他学生的节点。节点间的关系可通过图形化等方式呈现，让学生从多角度理解观点、观点间关系及其发展过程。

8.2　通用网络交流工具在 CSCL 中的使用

一些通用网络沟通工具(如 BBS、网络聊天系统、QQ 等即时通信系统)可以用到 CSCL 课程中，为课程内外的师生和生生交流提供一定的支持。另外一些工具，如维基百科、百度百科、Google Docs 协同功能等，可让学生体验到协同知识建构的过程和乐趣。

但通用工具一般不能提供学习分组，并且缺乏学习协同过程的思维引导和活动引导，会出现第 5 章第 1 节中提到的诸多问题，无法有效发挥人际交互的协同效应。前述的专门工具在一定程度上为学习协同提供了一些工具，但也远说不上能推进"学习之协同"向前发展。

8.3　策略化 CSCL 工具

8.3.1　策略化 CSCL 工具的开发思路

本示例工具的总体开发思路是在实时语言交流空间中嵌入第 5 章所研究的交互活动组织策略，用于指导和组织交互活动过程，并在每一个交互环节中，用第 6 章研究总结的微交互功能类型作为协作交流的指导语，引导学生进行有效的学习交互。下面以第 5 章中的"分步讨论型非面对面 CSCL 交互活动组织策略"为例进行说明。

8.3.2 系统结构

为了在系统的实时语言交流空间中嵌入交互活动组织策略，用于指导和组织交互活动过程和引导学生进行有效的学习交互，本研究用两个示例工具体现两种策略思想，这两个示例系统的逻辑结构如图 8-2 和图 8-3 所示。

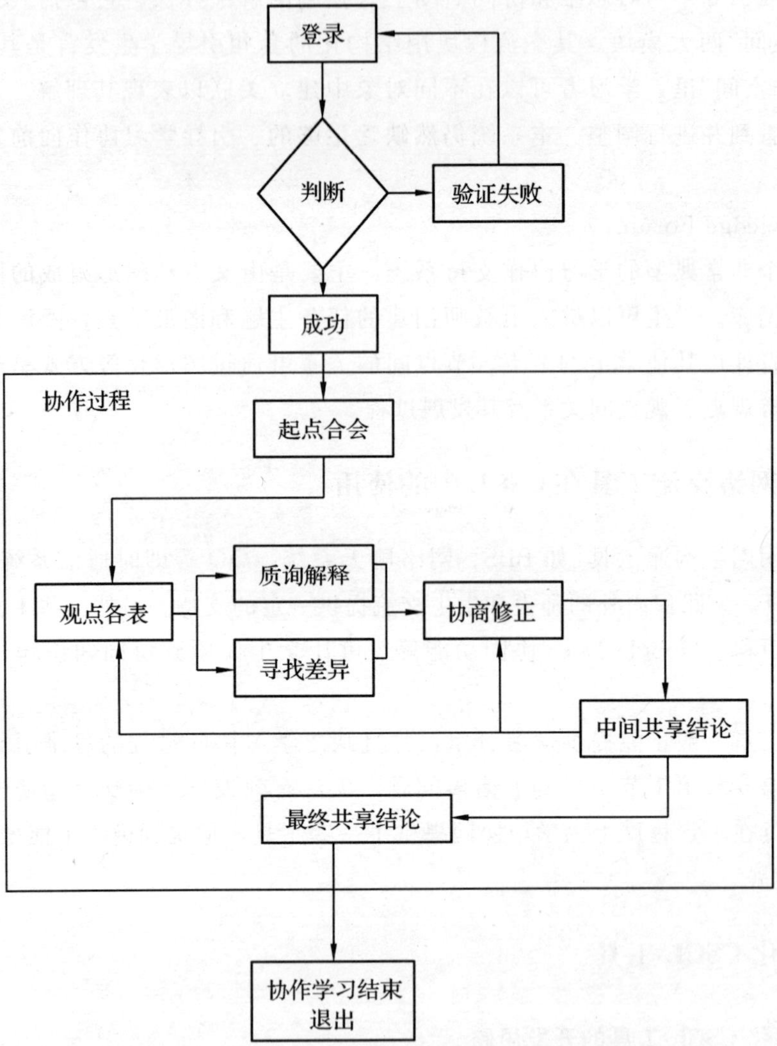

图 8-2 基于分步讨论策略的非面对面 CSCL 支持系统流程图

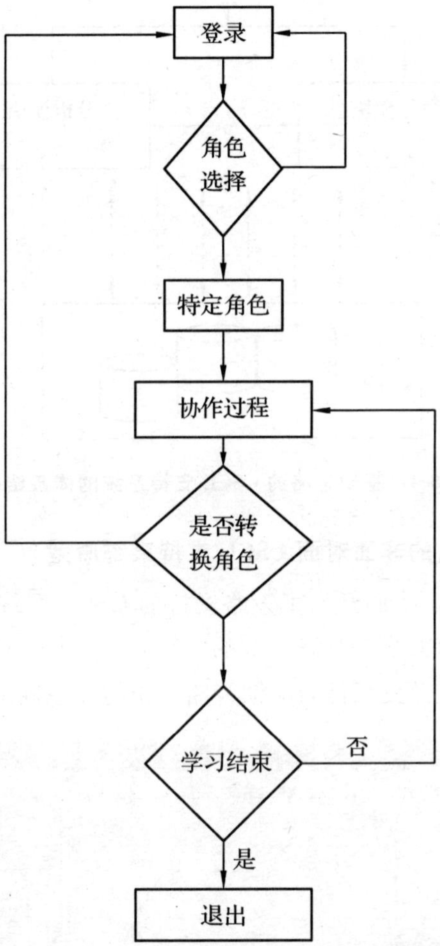

图 8-3　基于角色扮演策略的非面对面 CSCL 支持系统流程图

基于策略的 CSCL 支持系统的体系结构如图 8-4 所示。

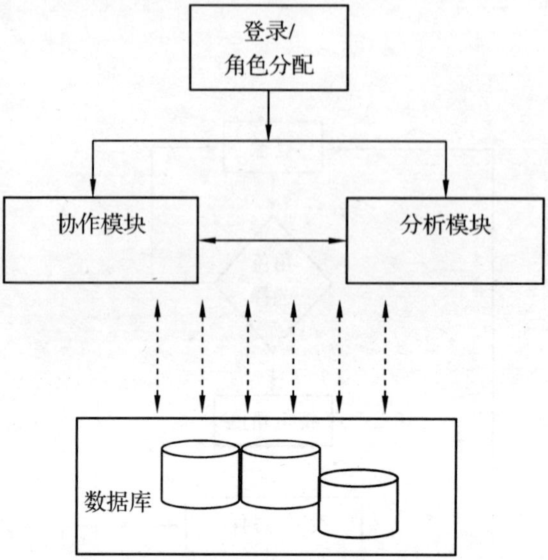

图 8-4　基于策略的 CSCL 支持系统的体系结构

8.3.3　基于交互促进策略的非面对面 CSCL 支持系统原型

基于以上思路和分析，我们开发了策略支持的 CSCL 系统的示例工具原型。图 8-5 是此工具(此工具嵌入了本书第 5 章第 3 节的“分步讨论型 CSCL 交互活动组织策略”和第 6 章的“非面对面 CSCL 微交互行为应馈策略”)中协作空间的图示。

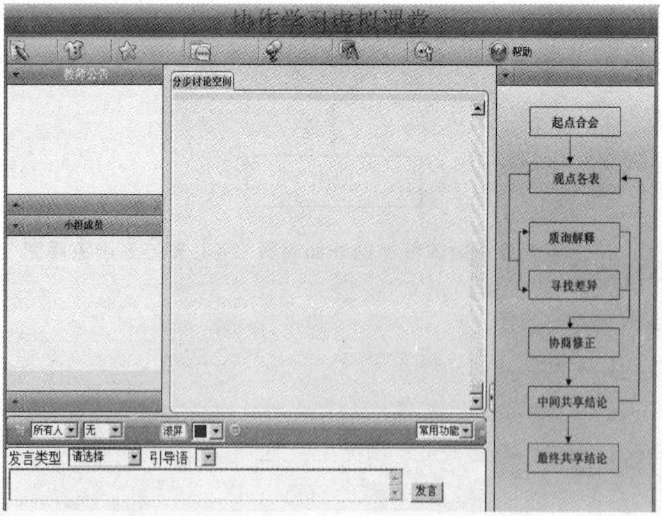

图 8-5　基于策略的非面对面 CSCL 支持系统示例工具

本示例工具的开发忽略了学习分组等现有 CSCL 系统具备的功能，而把重点放到应用本书研究的 CSCL 交互行为促进策略促进学生的协作上面。因此本协作学习虚拟课堂只考虑一个小组的协作学习情况。本 CSCL 支持工具的特点是用第 5 章第 3 节的“分步讨论型 CSCL 交互活动组织策略”组织协作活动的宏观过程，而在分步讨论的每一环节中，用第 6 章的“非面对面 CSCL 微交互行为应馈策略”引导学生的每一次微交互行为。具体方法如图 8-6 所示。

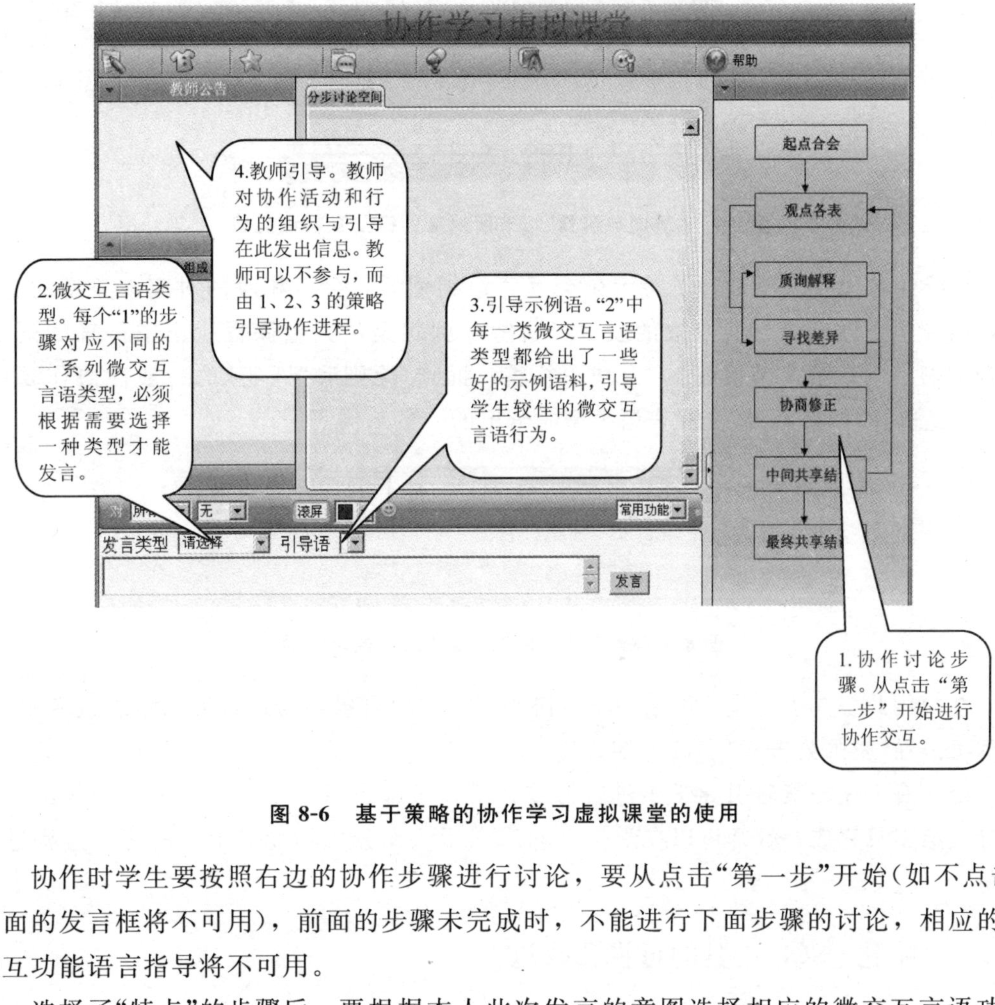

图 8-6　基于策略的协作学习虚拟课堂的使用

协作时学生要按照右边的协作步骤进行讨论，要从点击“第一步”开始(如不点击，下面的发言框将不可用)，前面的步骤未完成时，不能进行下面步骤的讨论，相应的微交互功能语言指导将不可用。

选择了“特点”的步骤后，要根据本人此次发言的意图选择相应的微交互言语功能类型。每个“1”的步骤对应不同的一系列微交互言语类型，必须根据需要选择一种类型才能发言。图 8-7 展示了“质询与解释”环节所对应的微交互言语类型。

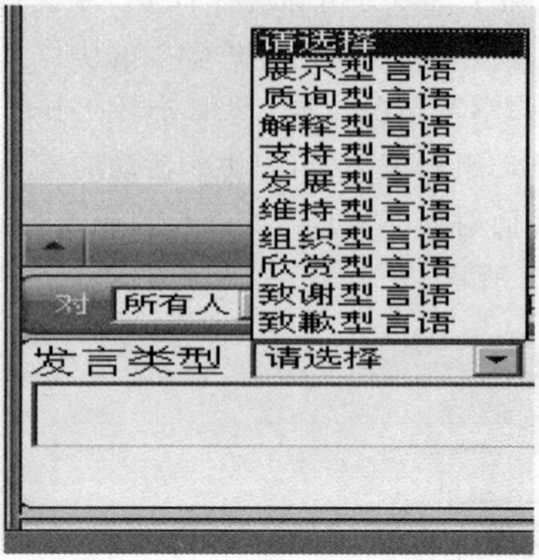

图 8-7 “质询与解释”环节所对应的微交互言语类型

当学生按发言意图选择了特定微交互言语类型后，会有相应的对应该类型的示例句，引导学生做出恰当而有效的发言，这些示例句是从大量课程应用中得来的语料，符合本书第 6 章第 1 节提出的“合作—礼貌—批判”原则和“八心”的一般性协作要求。图 8-8 是选择“解释型”微交互言语类型时给出的一条示例语。

图 8-8 “解释型”微交互言语对应的示例语

在应用此工具进行基于网络的学习协作时，教师可以参与进行活动组织或者引导，教师可以在“教师公告栏”发出通知。当然，由于此工具不同于一般的只提供交流空间的系统，有上述的策略引导学生进行协作，所以教师也可以不参与，将活动的组织与引导交给工具完成，教师可以在学生活动后利用协作分析功能对学生的协作过程进行分析。

8.4 策略化 CSCL 工具的可视化改进

计算机支持的协作学习(CSCL)，作为最大化学习者个体和群体的学习绩效、提高正式和非正式学习质量的新方式，追求技术中介的协同知识建构。协同知识建构通过学习者之间的互动和协商，互相启发、激励和帮助，生成知识意义特别是对学习内容的共同理解，体验收获与成功，获得共同发展。然而传统的基于 B/S 模式的 CSCL 工具的实现，大多都是基于使用 HTML 页面，服务器端数据传递的模式。在这种模式下，服务器端数据处理的压力大，缺乏对丰富用户界面的处理能力，并且页面频繁刷新，学习者体验差。由于远程 CSCL 中社会线索的缺失，学习者在进行学习协同时，基本上依赖文本线索，在相互理解和协同上就存在很多限制。

近年来，随着 Web2.0 的发展，学习者对文字、图像、及时互动等方面的需求越来越高，学习者已经不能满足只是基于文本的实时交互，需要更多图形化的交互支持协作学习。利用 RIA 技术开发的 CSCL 工具拥有丰富的界面体验效果，并可以实现在客户端进行异步数据传输和处理，减轻服务器负荷的同时，也减少了用户界面的响应时间，消除传统网页中需频繁点击造成的空白等待，提高交互效率，也能更方便地实现图形化的实时交互的功能，这对基于 B/S 模式的远程 CSCL 系统中的协同知识建构将带来极大的改进。

8.4.1　RIA 与 Silverlight

RIA 是英文 Rich Internet Applications 的缩写，中文译为富互联网应用程序，它将传统桌面应用程序用户界面功能性与 Web 应用程序的普遍采纳、低成本部署以及互动多媒体通信的长处集于一体，形成一种可以提供更直观、更好的用户体验的应用程序。桌面应用程序的特点在于：在确认和格式排版方面提供互动用户界面；在无刷新页面的情况下提供快捷的界面响应时间；提供通用的用户界面特性，如拖放等操作能力。Web 应用程序的特点在于：立即部署、跨平台可用性、采用逐步下载检索内容和数据以及可以充分利用被广泛采纳的互联网标准。通信特点在于实时互动的声音和图像。

Silverlight 是设计、开发和发布有多媒体体验与富互联网应用程序(RIA)的网络交互程序，是提升互联网用户体验的一项 Web 技术。利用 Silverlight 开发 CSCL 工具有诸多优势：第一，Silverlight 是一种跨平台、跨浏览器技术，安装非常方便，可以在常见的浏览器或平台中运行；第二，Silverlight 使用 XAML 语言描述界面，可以创建动画、3D 等效果，给用户带来丰富的用户体验；第三，读取和更新数据不通过刷新整个页面，实现局部刷新，可以创建高效、高交互性的应用程序；第四，开发简单方便，基于强大的 .NET 框架，还可以选择多种脚本语言创建 Silverlight 应用程序，例如 C#、JavaScript、Ruby、Python 等。

8.4.2　基于 Silverlight 的 CSCL 可视化协同知识建构工具关键技术

软件设计先后经历了面向过程、面向对象、面向服务等几个阶段。目前，多数 Web 应用程序已经开始采用 SOA(Service Oriented Architecture)的设计模式。这种模式采用松耦合，使得需要通信和交互的部分与技术无关，把所有需要共享的部分包装成服务，通过发送和接收消息与外界进行交互。WCF(Windows Communication Foundation)是微软平台上的 SOA 架构，主要用来建构分布式和可交互操作的应用程序。其最大特点是统一了多种开发模型，可专门用于用户服务定制、发布与运行以及进程间乃至机器间消息的传递与处理。WCF 的配置非常灵活，有很好的扩展性，它封装了不同通信场所下使用的配置，内置了多个绑定，每种绑定决定了 WCF 的通信方式、消息的编码方式以及通道的协议等。因此利用 WCF 使面向服务编程变得更加简单、高效。本文的 CSCL 工具就是借助 SOA 的设计模式，利用 WCF 服务实现。WCF 的创建主要分为五个步骤：创建服务契约、实现服务、配置 WCF 服务、添加服务引用、使用异步方式调用 WCF 服务。服务契约声明 WCF 服务所具有的功能有什么，以接口的形式出现。实现服务说明了 WCF 服务功能具体是怎么实现的，要实现服务契约中已经创建的接口。配置 WCF 服务需要配置地址、通信的协议、端口号等。在 WCF 服务创建完成后，需要在客户端添加服务引用，然后客户端创建服务代理，使用代理异步调用服务的方法。本文的 WCF 服务的基本功能有：学习者加入协作学习小组，离开协作学习小组、发送文字消息，发送绘画消息等。工具的图形共享区域对性能和通信的要求比较高，它的同步性直接影响协作学习的效果。因此本文的工具采用基于 TCP 协议进行消息传递。Silverlight 版本 4 中引入 Net. tcp 协议，实现了本地的双向通信机制，在吞吐量和客户端连接数量上有很大的改进。目前，Silverlight 对端口进行限制，只适用于局域网。由于采用这种双工的消息传递方法，所以在定义服务契约的时候，不仅要定义客户端调用服务的接口，还要创建服务可以调用客户端的回调接口。除此之外，Silverlight 提供了 API 对 JSON 数据进行序列化和反序列化，JSON 是 WCF 服务时进行消息传递的格式，当发送图形等复杂消息时，使用 JSON 进行消息传递比较合适。

8.4.3　基于 Silverlight 的策略化 CSCL 可视工具

在 CSCL 中，交互是协作知识建构的关键，需要为学习者提供有效的工具或平台，通过学习者之间的互动、协商、启发，达成对学习内容的共同理解，进一步提高学习效率，培养学习者的合作和创新能力。流行的 CSCL 工具大多只是提供文字交互的功能，在实时性方面也存在缺陷。仅依靠文字交互，往往会有学习内容受限、意思表达不清、工具利用率低等问题。我们通过运用 RIA 技术，改进了前述策略化 CSCL 工具，该工具同时实现了学习者之间的文字和图形的实时交互。在对疑难问题进行讨论的过程中，文字表达不能支持时，学习者可以把自己的思想绘制成图形，其他学习者看到图形后可以提出不同的观点再进行讨论，然后对图形进行修改，最终达成共享结论。

工具原型如图 8-9 所示，主要分成 3 个部分：在线人员显示区域、文字共享区域和图形共享区域。文字共享区域保留了流行的 CSCL 协作支持功能，因为文本仍然是表情达意的非常重要的因素。在这一部分，沿用了前述的分步讨论型 CSCL 交互组织策略和微交互言语类型，提高协同知识建构的质量。在图形共享区域，学习者可以实时手绘图形，或直接画直线、矩形、圆形，选择颜色和清除画板等。一名学习者绘制图形之后，每个学习者的界面都会马上显示出更新的结果，实现了“你见即我见”。这样，进行远程在线协同时，比如远程协同设计、协同概念图等，能有效弥补文本交互的不足，并且由于其局部刷新和后台异步数据交换等特点，大大提高协同体验。如图 8-10 所示。

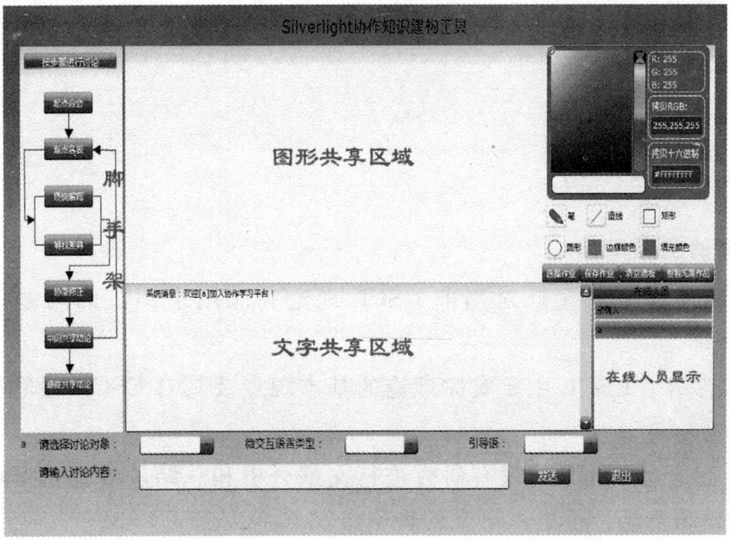

图 8-9　策略化 CSCL 协同知识建构可视支持工具

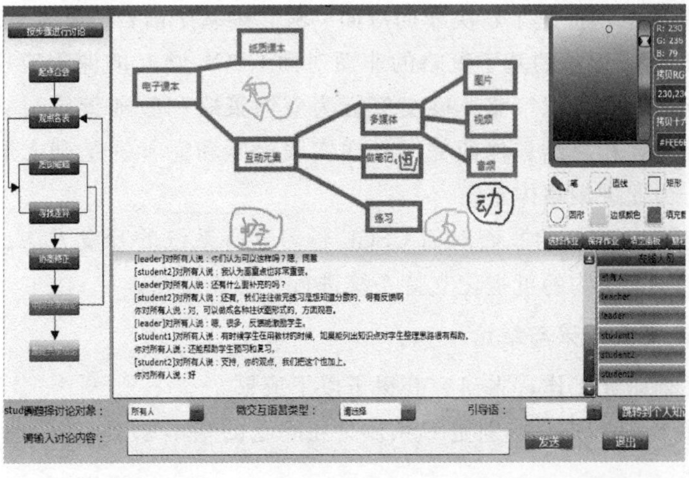

图 8-10　策略化 CSCL 协同知识建构可视支持工具应用举例

第9章 总结与展望

9.1 本研究的主要成果

9.1.1 本研究的主要工作

本书所介绍的研究课题针对当前CSCL理论和应用中存在的问题，进行了以下探索：

1. 分析和总结了CSCL主要支撑理论的基本观点及其对CSCL理论与应用的指导意义。

2. 比较全面地对CSCL的现有研究进行文献分析和总结，寻找在CSCL交互研究方面存在的问题和不足，得出本研究的理论出发点。

3. 对CSCL平台的功能进行分析，找到现有平台环境在非技术性的教学和社会性策略方面的缺失，找到本研究的现实出发点。

4. 在以上基础上，提出了解决非面对面CSCL中基于语言的交互促进策略体系。

5. 组织了5门课程中的基于策略的非面对面CSCL交互的课程应用研究，对非面对面CSCL交互活动的组织策略、微交互行为应馈策略和教师指导与管理策略进行了系统深入的应用研究和总结、修改完善，在实践检验和完善的基础上形成了一套有效的CSCL交互行为促进策略体系。

6. 探索基于上述策略的非面对面CSCL学习支持系统的开发方法、开发示例工具原型，并对协同知识建构的可视化支持系统进行了初步研究。

9.1.2 本研究的主要成果与结论

通过上述系列研究工作，本研究获得了以下成果：

1. 系统地研究了CSCL特别是CSCL交互问题的基本原理，提出了一个CSCL理论与方法的框架。

2. 形成了几个有效的非面对面CSCL交互活动的组织策略。

3. 总结了非面对面CSCL微交互行为的应馈策略。

4. 构建了 CSCL 教师对学生 CSCL 交互活动的指导与管理策略。

5. 解决把上述策略导入 CSCL 系统的技术问题，开发了示例工具原型。

6. 对策略化协同知识建构过程支持系统的可视化改进进行了初步但具突破性的研究。

本研究的主要结论是：

1. 基于网络的自由(无规则)协作存在很多不足，要使协作有效，必须要有相应的策略和规则。

2. 分步讨论型 CSCL 交互活动组织策略是一种有效的指导协作进程的策略，本研究得出的一种分步讨论型 CSCL 交互活动过程的程序能促进学生掌握讨论内容，提高学生讨论的质量，使学习协作更加深入地向前推进。

3. “虚拟圆桌”、“虚拟长桌”和“角色扮演”等策略也都能促进 CSCL 中的学习协作，本研究提出的这三种策略的相应规则确实能提高协作交互的质量，从而增强学习效果。

4. 能够找到一种途径，把上述策略应用到 CSCL 工具的开发中，通过工具体现上述策略的思想，从而降低学生的认知负荷(在没有相应工具支持的情况下，应用上述策略实际上需要学生把它们作为元认知策略调节自己的交互行为，因此在一定程度上加重了学习的认知负担)。

9.2　后续研究及 CSCL 发展趋势展望

非面对面 CSCL 是计算机教育应用中一个非常重要的领域，从交互所借助的符号系统的角度来看，有基于文本信息的、基于音频的和基于视频的等多种类型。由于网络带宽的限制和本研究实验课程班级的条件限制，本研究在音频、视频方面的 CSCL 交互行为方面还没有进行研究，这是一个有待继续探索的领域。

从交互活动的组织策略的角度，本研究提出并通过应用修改形成了几种策略，但其他策略也值得探索和总结。

CSCL 对协同策略的研究，最后要归结到 CSCL 平台的开发上，如何在综合性平台中导入教学和社会性策略而不影响学习中协同的自然性，也是有待继续探索的问题。

关于 CSCL 的发展，笔者认为以下趋势是很有可能出现并有较大发展前景的。

1. 新信息技术的持续引入，能够使 CSCL 在发挥计算机信息传播与处理方面的优势上更加充分，能更好地支持团队学习协同效应的发挥。比如智能 Agent 技术的引入，能更好地引导和支持参与者的协同思维、协同过程。手势识别、语音识别技术的发展和应用，能使 CSCL 过程的人—人交互更加自然和方便。共显群件技术的应用，将使面对面课堂中的 CSCL 学习者更加有效感觉到协同知识建构的过程和成效。

2. 致力于有效推进"协在何处"的策略化研究会越来越深入，并更好地表现为相应系统的功能。理想的情况是能够出现结合学科特点的策略化工具及系统。正规的 CSCL 课程的教师有机会减少在学生协同中的持续指导和组织活动，而由专门工具和系统本身引导学生。非正式协作学习中的交互活动也相应得益而提高了效果和效率。

3. 策略化 CSCL 专门工具及系统会通过可视化、图形化的思维和协同过程，提高远程 CSCL 中缺乏的现场感，提供良好的交互体验和更直观有效的协同活动。

4. 从一般主题走向专门主题、专门领域的 CSCL 研究是必要的。目前大多 CSCL 研究聚焦在适龄学生对象上，而成人学习者、特殊学习者的 CSCL 策略和系统的研究有很多路要走并很有必要。

5. 随着 CBE 计算终端的微型化和移动化，与教育技术另一热点"移动学习"结合的 CSCL 研究，即移动型 CSCL 已经准备好了具有充分计算性能的终端和移动通信网络条件。脱离"笨重"设备限制地，随时随地、无所不在地，发生在情景中的，个性化的，更具灵活性的移动型 CSCL 研究，很有发展前景，极具研究和应用价值。